昭和なつかし 食の人物誌●目次

七、都会の休息

本文イラスト　磯辺　勝

はじめに

昭和という時代が遠ざかろうとしている。

私も昭和を生きた一人として、この時代になにか惜別の一書をものしたいと考えていた。だが、浅学非才の身、高級なテーマを扱うのは無理である。あれこれ考えてたどり着いたのが、〝めし〟であった。

私には、お会いしたことのあるなしにかかわらず、同じ時代に生きた気になる人、懐かしい人が大勢いて、それがそのまま昭和の人々なのである。

いずれも、生涯の業績を述べれば、一冊の本になってしまうような人たちなのだが、彼らを短い文章で、わかりやすく語るとしたら、どうすればいいだろうかと考えた。そこで思いついたのが、食事のことだけに限って、本人の書いたこと、語ったこと、また第三者によって伝えられるところを拾ってみる、という方法であった。

とくに、食通としてとか、グルメとしての話は必要ない。だれにでもある日常の食事の話でいいのであり、それなら私も年の数だけめしは食ってきているのだから、彼らのいうことは理解できるはずである。

そんな、いたって軽薄な見通しで書き始めたのが、この人物素描である。だが、書きすすめるにつれて、私は食によって人物を描くおもしろさに引き込まれていった。

グルメブームといわれるものも、最近はやや変化を見せているが、もともと食べもの本位で、いかに新奇なおいしい料理を考案するか、あるいは隠れたうまいものを掘り起こすか、といったことが中心となっている。そこでは、食べる側の人間は、ほとんど問題にされなかった。というより、食の主役が、食べる側の人間ではなく、料理人のほうに移っていた、といってもいいのである。

だが、翻って食べる側の人間を主役にすると、食の話はまったく違ったものになる。毎日の食事でやたらにうまいものを食べたがる人はいない。うまいと感じる食べものも、人によって、また、ときと場合によって異なる。

おにぎり一つが至福の食になることもあれば、高級料理も始終食べていれば、うまいとも思わなくなるものであろう。食べられることへの感謝、特定の食べものへの執着、心の安らぐ食事といった、食への思いは、その人の人生の歩みと深く結びついて生まれてくるものだ。

昭和に活躍した人々には、第二次世界大戦があったことにもよるが、子どものころ、飢え、ないしは飢えに近い体験をしている人が少なからずいた。その地点から、めしの食える人間になろうとする一方、いかに生きるかという座標を求め、その両方が一本の道の上をせめぎ合いながら進んでゆくところに、多くの人々の共通点があったのである。だからこそ、わけもなく贅沢をしたり、美食のための美食を求める気風は、もともと昭和の人々にはなじまないものだった。

本書に登場する三十人の人々は、昭和を中心に活躍した著名人の、ほんの一部を、物故者のなかから選んだものである。

別の人が選べば、昭和の三十人は別の顔ぶれになるに違いない。昭和の六十余年間は、さまざまな分野に、実に多くの、際立った人物が現れた時代であった。私の場合、小説家をはじめ文筆家が多く、画家や漫画家を加えているのは、個人的な好みによるものである。食をテーマとしながら、食通として知られる高名な作家などをあえて見送ったのは、私などの手には余るということもあったが、ここでは昭和の美食を求めるのではなく、もっぱら日常の地平で食を見つめたかったからである。

登場人物への敬称は、原則として省略させていただいた。ただ、私が直接お目にかかったときのことを述べる場面や、面識のある現存者にふれるときには、「さん」づけで呼ばせていただいているところもある。また、引用については、今日の読者が読みにくいと思われる旧かな遣い、旧字などの一部を、現代かな遣い、新字に改めた。

食関連の本があふれている現在、このような地味な考察に目をとめていただけるかどうか、いささか心許ないが、ただ日々の読書のなかで、突き出しのひとつぐらいのものとして味わっていただければ、著者としては望外の幸せである。

一、時代もの歴史もの

藤沢周平——浪人者のふるさと

藤沢周平の小説の人物は、みんな仕事をもっている。食べる苦労を伴っているからこそ、人生の哀歓が身に迫ってくる。

ふじさわ・しゅうへい（一九二七〜九七）山形県生まれ。一九七三年、『暗殺の年輪』で直木賞を受賞。「用心棒日月抄」、「隠し剣」などのシリーズもので人気を呼んだ。時代ものを得意としたが、『一茶』や農民歌人長塚節を描いた『白き瓶』（吉川英治文学賞）などの歴史小説もある。

一分銀にかける命

おもしろい小説に出あうのは、災難である。藤沢周平の「用心棒日月抄」というシリーズに遭遇したときなどは、なんとなくこの小説を読むことが生活の中心になってしまい、仕事や睡眠の時間までも左右されて、はなはだ具合が悪かった。

小説のなかには、筋がおもしろいあまり、結末が知りたくなって途中を飛ばし読みしてしまうようなものもある。だが、藤沢の小説は違う。一行たりとも飛ばして読んではもったいない気持ちにさせられる。短い描写に情景がまざまざと見え、人物のちょっとした会話にも味がある。読み手に、小説のなかの時間を縮めようという気を起こさせないのだ。

「用心棒日月抄」の主人公は、お家騒動に巻き込まれて奥州のさる藩を脱藩した、青江又八郎という浪人だが、彼は江戸で用心棒や人足仕事をしながらかろうじてその日暮らしをしている。口入れ屋（職業斡旋業）の世話で、二日で一分、三日で一分といった手間賃で働き、それで何日分の米が買えるか、ということに一喜一憂する身だ。

だが、この青江又八郎、刀を抜くとめっぽう強い。用心棒の仕事で命をかけることもあるが、お家騒動にからんで青江をつけねらうすご腕の刺客たちと、すさまじい死闘をくりひろげては、相手を倒してゆく。そんな青い閃光のような修羅場がある一方、口入れ屋の狸おやじとのかけひき、豪快な浪人仲間細谷源太夫とのつきあい、それにちょっとしたアバンチュールもあり、貧しくもどこか愉快な江戸暮らしが、緩急よろしく、絶妙の間合いで織りなされるのが青江又八郎の世界だ。

読み手は、そういう又八郎の生活にはまり込み、いつの間にか、一両の四分の一が一分銀であることも覚え、手間賃の相場にも通じ、一日一分の仕事とくれば、「お、悪くない」

などと、すっかり又八郎の身になって喜ぶ始末。ときに正気に返って、藤沢周平という人は、見かけによらず魔術師だな、と思ったりするのである。

二足のわらじ

藤沢は、人間の行動が、いかに食べてゆく手段にしばられているものであるかを、骨身にしみて知っている作家だ。だから、小説でも、恋の話だろうと事件の話だろうと、そこに登場する人物がどんな仕事をして、なにを食べているかをしっかりと押さえている。

この作家の数多い傑作のひとつに、『消えた女』がある。元岡っ引きの伊之助は、今は版木彫りの職人をして暮らしているが、岡っ引き時代に世話になったおやじから、姿を消した娘を探してくれと頼まれて、捨ててもおけずに探す決心をした。しかし、生活のためには版木彫りの仕事は続けなければならない。遅刻、早びきなどで親方ににらまれ、嫌味をいわれながら、消えた娘をねばり強く追うのである。

藤沢は直木賞を受賞した年の翌年まで、十数年にわたって業界紙に勤めながら小説を書いていた。『消えた女』の伊之助が、勤め先の版木屋に気を遣いながら、夜中まで娘を探し求めてくたびれ果てる姿には、おそらくは作家自身の経験が生きているのだろう。伊之助が娘を探しているという個人の事情を、決して職場にもち込まないのも、藤沢が二足のわらじをはいていた時代に守った鉄則だったに違いない。

ところで、『消えた女』でおもしろいのは、よく甘酒が出てくることだ。伊之助は、ちょうど今の喫茶店を利用するように、あちこちの甘酒屋で張り込みをしたり、人と会ったりする。伊之助が頼りにしている半沢という同心の家でも、奥方手製のおいしい甘酒をふるまわれる場面があった。わずかな糸をたぐって娘をたずね歩く緊張感のなかで、伊之助が甘酒屋を見つけてひと休みしたりすると、読んでいるこちらまで、ホッとするのである。

藤沢の自伝『半生の記』を読むと、中学生ころから酒宴に加わった話が出てくるから、彼は酒を飲まなかったわけではないと思う。だが、青年時代に肺結核の大手術を受けてのちは、あまり飲まず、甘酒などを好むようになったのかもしれない。彼の小説の人物はよく酒を飲むが、随筆類などに藤沢自身が酒を飲む話はあまり出てこないようである。

食べものの話となると、藤沢は故郷である山形県庄内地方の味一点張りだった。ふるさとに深い愛着をもっていた人である。

寒の鱈、春の筍

「用心棒日月抄」シリーズの『孤剣』のなかに、青江又八郎と佐知が、こんな会話をするところがあった。佐知は江戸屋敷につとめる又八郎と同郷の女だが、藩の隠密という裏の顔をもち、又八郎の秘めた愛人でもある。


「おお、小茄子の塩漬け、しなび大根の糠《ぬか》漬けか」

又八郎は、箸《はし》をおろして夢みるような眼つきになった。

「ひさしく喰っておらん」

「そのうち、持って来てさし上げます」

佐知は笑いをふくんだ眼で、又八郎を見た。

「里心がおつきになりましたか？」

「いや、そうは言っておられんが、江戸は喰い物がまずい。喰い物の話になると、国を思い出すの」

「こちらの方に言わせれば、国の馳走は口にあわぬと申されるかも知れませんが、青物と肴《さかな》だけはやはり国の方がおいしゅうございます」

「おお、それよ。寒の海から上る鱈《たら》などはたまらん」

「はい。寒の鱈、四月の筍《たけのこ》」

二人はしばらく夢中になって、国の喰いものの話をした。

「用心棒日月抄」では、青江又八郎の身にも変転があり、『孤剣』のころは、晴れて国元への帰参がかなって、妻も娶《めと》ったあとに、また新たな問題が生じて偽装脱藩を余儀なくされ、江戸で浪人暮らしをしているのだ。だから、佐知の、「里心がおつきになりましたか?」という ひと言は、すでに国元に妻のある男への、愛人の軽い揶揄《やゆ》がふくまれている。

又八郎らの国元は、架空の藩だが、庄内地方に想定されていることは明らかである。したがって、又八郎と佐知の会話は、藤沢の故郷の味覚への思いそのものだ。

あまり食べもののことを書かなかった藤沢が、『ふるさとへ廻る六部は』に収めた随筆数編に、若葉のころの鰊《にしん》と孟宗竹《もうそうたけ》の筍、初冬のハタハタ、寒の鱈、そしておいしかった塩ジャケのことなど、庄内地方の四季の味覚を熱く語っていた。

藤沢周平の小説には、不思議な安堵感がある。それはどこか、ふるさとで、ふるさとの旬の食べものを口にしているときの気持ちに似ている。

司馬遼太郎――「食」の街道をゆく

司馬遼太郎が文章で日本を再発掘した快著「街道をゆく」。その膨大な紀行のなかに「食」との出あいを読む。

しば・りょうたろう（一九二三〜九六）　大阪市生まれ。本名・福田定一。中国出征から復員後、新聞社に勤務。一九六〇年、『梟の城』で直木賞受賞。六六年、『竜馬がゆく』で菊池寛賞。七一年、「週刊朝日」に「街道をゆく」の連載を開始する。代表作に、『国盗り物語』、『坂の上の雲』、『花神』、『翔ぶが如く』、『菜の花の沖』。

ドライブ・イン

あまりほめられた読み方ではないが、司馬遼太郎の紀行「街道をゆく」を、「食」にかかわる場面だけ拾って読んでみた。国外編は、はじめからはぶいている。

司馬遼太郎と比べるつもりは毛頭ないが、私も「街道をゆく」が週刊誌に連載されていたころ、日本各地を取材で歩きまわっていた。だから、司馬一行の旅の一面は実によくわかる。たとえば、車での取材では、前後百キロメートル近くもほかに食堂のないところでは、どんなにわびしいドライブ・インにでも、飛び込まなければならないことはよくあった。同行者がいる場合には、同行者が空腹でないかどうかにも気を遣う。「街道をゆく」でも、司馬一行はときどきドライブ・インに飛び込む。だが、さすがに司馬遼太郎ともなると、めしがうまいのまずいのというつまらないことは書かない。山口県の湯田温泉に向かっているとき……。

「途中、吉見という村名のついた緑叢地帯で、およそ人っ気のない、狐でも出そうな丘の上に、『奇兵隊』というカンバンのあがったドライヴ・インがあったのは、なんだか可笑しかった」（以下すべて「街道をゆく」）

ひと休みしようとして入ってみると、「毛利めし」とか、「奇兵隊ランチ」といった張り紙が目に入る。

「『毛利めしというのは何のことですか』／と問うたところ、左様です、白飯のことです、と眉の濃い丸顔の主人が答えた。なぜ毛利が白飯なのであろう」

そこで司馬の毛利兵についての考察が始まり、たちまち「毛利めし」などというネーミングは、長州人の感覚ではないことを看破してしまう。

「『ご主人は、山口県ですか』／と主人にきくと、ずっと半生山口県に住んでおりますが、うまれは熊本で、と肥後なまりでこたえた」

そばの店にて

司馬遼太郎は、大阪に生まれ大阪に住んだ作家であった。そこで、うどんかと思いきや、「街道をゆく」では、うどんを注文する話はほとんどなく、そばを食べる場面がしきりに出てくる。もともと食に関する記事は少なくて、そばは七か所だが、福井県武生《たけふ》市の「うるしや」や、大津市坂本の「鶴喜」のような、名のあるそば屋まで登場していた。頑固で評判の「うるしや」の主人が、大柄なわりに「血圧をいたわっているような声で」しゃべる、という描写がおかしい。「鶴喜」のほうは、司馬一行が間違えて別のそば屋に入り、すっかり「鶴喜」のつもりで食べていたという珍談であった。

私は、司馬が、そのうちにそば好きであることを告白するに違いないと思って、「街道をゆく」を読んでいたが、とうとう最後まで「自分はそばが好きだ」とはいわなかった。どうも用心深い人だ。司馬はそばの味についても、微妙な表現をする。たとえば、福井県勝山市で、うまいそば屋があると聞いて入った店での感想。

「『こういう町は、そばがうまいんです』

私は期待とともにひと箸大きくあげ、勢いこんで一口すすりこんだ。平泉寺の門前の町らしく、何とはなく古格な味がしないでもなかった」

それで、うまかったんですか、とつい聞いてみたくなるいい方だ。

そばに限らず、なにを食べる場合でも、司馬が重視したのは、味もさることながら、店の雰囲気や客あしらいのほうである。鳥取市で、ぶらりと町へ出て食事をしたときは、「私どもは、気分のいい店で夕食をとった」といい、そうなると「料理にも、無用の匠気がなく、平凡な味覚の者が心からうまいと思えるようなものばかりが出た」ということにもなるのであった。

信州小諸のそば屋では、テーブルが汚れているうえに、ひどいあしらいを受け、「さすがに信州だけにそばが旨く、下味《つゆ》もわるくはなかった」といいながら、次のような皮肉たっぷりの感想をつけ加えている。

「ただ食物をひとに与える場合、犬にやる時でも頭をなでてやるというスキンシップがあって与える者と受ける犬との間の文化的関係が成立するのだが、食堂の商業主義が十分な条件をもつにはせめて犬の飼主程度の心が必要かとおもわれる」

遠まわしだが、これじゃ犬だって怒るぞ、といっているのだ。

歴史を食べる

旅の食の楽しみは、土地のものを食べるところにある。司馬も、京都の北でアケビの新芽でつくる「アケビ茶」を出され、富山県の五箇山では、焼きたてのイワナにたっぷりと燗酒を注いだ「コツ酒」をふるまわれた。山形の小野川温泉では「芋煮汁」を食べ、「大きな器に、汁が入っている。ふたをとると、汁の中に、サトイモと牛肉と白ネギが入っていて、サトイモが大変なうまさだった」と書いている。

サトイモといえば、「長さが脇差ほどもある青竹の串に、大きな里芋をいくつも串刺しにして焼きみそをつけた」豪快なごちそうが出たのは、高知県の檮原《ゆすはら》。司馬は、神社の拝殿に急ごしらえで準備された長机の食卓で、老若三十人もの土地の人々と食事をした。食事というより、神楽の出しものもあった古風な酒宴で、『『藤谷君、これは中世絵巻の世界です』／私は、ひそかに昂奮した」と司馬は、中世の寄合の名残をまのあたりにして喜んだ。

「街道をゆく」は、日本各地の今の、人の風貌、ことば、食べもの、風習などを緒にした、歴史への旅である。その意味で、司馬が、ある京都の懐石料理の店の女将から、店を継がせる長男に、大学卒業後すぐに天龍寺で僧の修行をさせた、という話を聞くところも興味深かった。

はじめは司馬も驚くが、懐石料理はもともと「室町時代の禅寺でできあがり、茶人が工夫を加えた」ものだから、「本格的に料理をやるとすれば、禅の修行からはじめることは、当然」であることに思いいたる。茶にも禅にも無縁な者でも、京都で食べる懐石になんとはなくありがたさを感じるのは、そういうところからくるのだろう。

さて、締めくくりにもう一度そば。東京は神田須田町でそばを食べた司馬は、「そばは、東京がいい。それに、トンカツと蒲焼が京・大阪よりまさっている」と述べているが、同席の編集者から、「すしはいかがです」とたずねられたのに対して、こう書いている。

「むろん東京のすしが結構であることはまちがいないが、ときにせっかくのすしが商品として独立していなくて、職人の威勢や店主の威厳が加味される。そのあたりは京都の茶道に似ている。客は、江戸前の威勢や、職人の心意気という文化をたのしまねばならない」

すし屋の窮屈さをいい得て妙である。すしだって一人でぼんやり食べたいときがあるではないか。実に同感だ。

川口松太郎――浅草のめし、ハワイのめし

十代で家を出て、働きながら味わった人情の裏表。川口松太郎は筋金入りの人情派作家だった。

かわぐち・まつたろう（一八九九～一九八五）東京生まれ。本名・松田松一。十代からさまざまな仕事をしながら独学。一九三五年、『風流深川唄』その他の作品で第一回直木賞を受賞。戦前から一九七〇年代まで、流行作家として数多くの作品を書く。代表作に、『鶴八鶴次郎』、『明治一代女』、『愛染かつら』、『俺は藤吉郎』、『新吾十番勝負』など。

浅草の少年

川口松太郎の自伝『破れかぶれ』は、こういう書き出しで始まっている。

「戸籍を見ると私生児とはっきり書いてある。それを発見したのは小学校三年の時だった」

川口は養父から「学校は四年で好い」といわれて丁稚《でっち》奉公に出され、その後、義務教育が六年となって家に戻り、二年間小学校に通うものの、学校はそこまでで、あとはまた働きに出されるなど、不遇な幼少期を送っている。養父は左官職人だったが仕事は乏《とぼ》しく、養母はときに「こんな子は貰わなければよかった」などともいう人ではあったが、学校に行けないのも奉公に出されたのも貧しさゆえで、川口に養父母を恨む気持ちはなかった。

幼いころの川口は、こんな食事をしていた。

「板の間には何時も、ゆでた小松菜が水につけてあり、飯どきになると、水を絞って、醬油をかけたものがおかずだった。長雨が続いて、仕事に出られなくなると、菜っ葉も買えなくなり、米を炊いて醬油をまぜ、握り飯にして三度三度喰べた」（同書）

川口が育った、そのころの浅草今戸の六軒長屋の暮らしは、近所もみんな似たようなものだったという。貧民同士の人情は厚く、米やしょうゆも、なくなれば借りたり貸したりし、病人が出れば駆けつけ、互いに助け合っていた。

川口が家を出て自活するのは、わずか満十四歳のとき。その年で、伝法院通りで古本の露店商を始めたというのだから、たいしたものである。古本屋をしているうちに、スリの逮捕に協力した縁で、馬道の警察署の給仕になり、さらに米取引の業界紙の記者になるなど、二十歳ころまでの川口は、生活のためにさまざまな仕事を転々とした。そのころ知り合い、励ましあった友人に、のちに挿絵画家として一世を風靡した、岩田専太郎がいる。

作家を夢見る川口と、画家をめざす岩田は、人力車夫や露店商などが集まる浅草の一膳めし屋で、どんぶりめしときざみねぎをひとつまみ入れただけのみそ汁、それにお新香ひと皿だけの食事をしては、将来への希望と不安を果てしなく語り合った。

原作・川口松太郎

私は、自伝『破れかぶれ』と、岩田専太郎との交友を描いた小説『飯と汁』を読んで、ほんとうに驚いてしまった。というのは、川口松太郎の小説を少しは読んでいても、その生い立ちなどはまるで知らず、ときどき見かける写真の上品な紳士ぶりから、この人は東京の豊かな商家といったところの出で、久保田万太郎に師事したくらいだから、大学も慶応あたりを卒業しているに違いない、と思っていたからである。

川口松太郎という作家をなんとなく知っているつもりでいたが、実はなんにも知らなかったのだった。

私が、川口松太郎を知っている気になっていたのは、川口原作の映画を山のように見ているからに違いない。高校生のころ、「新吾十番勝負」のシリーズなどは、街の映画館に来るのを待ちかねて見たし、「愛染かつら」から「夜の蝶」まで、とても少年向きとはいえない恋愛ものや風俗ものも、みんな見てしまっている。そのころの私は、映画でも、原作者がいちばん偉いと思っていたから、「原作・川口松太郎」の字幕の文字を見逃さなかった。この人くらい、作品がことごとく映画化された作家も少ないのではないだろうか。

川口松太郎は人情派の作家といわれる。たしかに、今思えば、川口作品は映画になっても、見せ場はいつも情愛をめぐる葛藤であった。「風流深川唄」の親子の情と男女の愛情、「鶴八鶴次郎」の芸のからんだ夫婦の情などはもとより、「新吾十番勝負」のような剣豪ものでさえ、将軍と、そのご落胤《らくいん》である主人公葵《あおい》新吾との間に交わされる情が、この映画に独特の趣を与えていたのである。

この葵新吾の境遇などには、私生児という出自をもつ川口の思いが投影されていることはいうまでもあるまい。生みの親を知らず、幼時から下町の人情を身にしみて体験した川口は、そのことをバネに、人気作家のまま、六十年に余る作家活動を強靭にこなしたのであった。育ち盛りを粗食に終始したことも、彼が八十六歳の天寿を全うすることの妨げにはならなかった。

ホノルルの粥

戦後、昭和三十（一九五五）年ころから、川口松太郎は梅雨の時期や寒い正月前後を、愛妻三益《みます》愛子とともに、ハワイで過ごすことが多くなった。ホノルルの高層アパートの二十二階に部屋をもち、流行作家と人気女優は、日本にいては逃れられない用事を避けて、のんびりとした時間を味わったのである。同じアパートの二十五階には、俳優石原裕次郎夫妻の部屋があり、近所づきあいをしていた。

愛子夫人は、このホノルルの部屋でつとめて自分でご飯を炊き、手料理をした。川口の「ホノルル暮し」（『人生悔いばかり』所収）という一文に、こんな一節がある。

「海は相変らず人で一杯、ママは食事拵えに少し疲れた感じ、無理はない、外食に出ようといっても承知せず、小さな釜で飯を炊いている。此処で困るのは外の食事のまずいことだ。喰うということの重さと繁雑さが悲しくなる。なぜもっと簡単に満足出来ないのか、なぞといいながら食味の楽しさは年と共に身にしみて来るようだ」

だが、実際には、ハワイの外食事情はとくに日本人にとっては急速によくなってきて、川口夫妻もしきりに外食を楽しむようになる。

「疲れたらノークックデーと称して京屋のしゃぶしゃぶだとか、葵丸進の天ぷらだとか、鳥ぎんの焼鳥釜めしだとか、近頃はサントリーのレストランも出来て、すし、鉄板焼、日本料理等が本格的で誠に結構だが、この時にはまだ出来ていない。チャイナタウンに香港粥《かゆ》店という店があって支那の粥を食べさせる。これが非常に美味で安価でタクシー代の方が高くつく。愛子は此処が大ひいきでノークックデーとなると、／『香港粥店!』／と大声を上げる」

昭和五十七(一九八二)年、川口松太郎は愛子夫人に先立たれる。川口はすでに八十歳を過ぎていたが、半年後には、夫人との情愛に満ちた生活を縷々《るる》と書き綴った『愛子いとしや』を出版した。今、引用したのもその一部だが、この本は、夫人への哀悼の書であるのと同時に、食、食、食にあふれた内容である。

川口松太郎は、晩年の夫婦が食べものについて毎日交わす会話を記録し、愛子夫人の食欲がなくなっていくのを悲しみ、一時的に回復した夫人が、家族だけの快気祝いを「駒形どぜう」でやりたいというのに喜ぶ。

始まりは貧しくて食べられず、終わりはいくらお金があっても食べられなくなるのが人生だ、と川口松太郎はいい残したかのようだ。

吉川英治——飢餓線上に立つ

国民的作家といわれるほどの偉業をなしとげてからも、吉川英治は、飢餓の淵に立たされた少年時代を見つめていた。

よしかわ・えいじ（一八九二～一九六二）横浜市生まれ。父の事業の失敗により、十一歳のときから印章店、役所の給仕、ドックの作業員、旋盤工などをしながら家計を助け、苦学する。『神州天馬侠』、『鳴門秘帖』などで人気作家となり、『宮本武蔵』、『新・平家物語』、『私本太平記』などの大作を書いた。一九六〇年、文化勲章受章。

『忘れ残りの記』

何年か前に吉川英治の自伝『忘れ残りの記』を読んで、私は思わず泣いてしまった。今度また、この自伝を読み返して、やはり涙が出てきて仕方がなかった。

十三歳のころ、吉川英治は最初の奉公先だった印章店からひまを出され、少しの間家でぶらぶらしていた。そんなある日、ある訴訟にからんで根岸監獄に服役していた父を、赤ん坊と小さな子どもだけ連れて訪ねようとする母に、せがんで連れていってもらうところがある。母が父に会っている間、英治は外で遊んで待っていた。

「だいぶ経《た》ってから、母が戻って来た。そして又、元の道を、親子四人、日照りの下を黙々と歩いた。『ぼく、お腹《なか》が減ッちゃった』と、怺《こら》えきれなくなって訴えた。たしか末吉町辺であったと思う。小さい蕎麦《そば》屋へ入った。そしてかけを一杯ずつ食べた。喰《た》べ終ると、母はハンケチで顔の汗を拭《ふ》きながら、ぽつんと云った。『英ちゃん、あんたも、しっかりしておくれね、これから、うちもたいへんなのよ』母が云う〝たいへん〟という意味が、この日には何かぼくにも身に沁《し》みて少し頷《うなず》かれた。ぼくの見まもる眼《め》が引き出したように母の瞼《まぶた》に涙がいっぱいになった。母はあわてていちど顔を拭き、帯の間から毛糸編みの銭入れを出して銅貨を数え、蕎麦屋の盆の端へおいた」

十三歳の子どもに、「しっかりしておくれ」といわなければならない母親の心はどんなにかつらいだろう。しかしそれよりも、帯の間から出す「毛糸編みの銭入れ」といった具体的なモノが、その場の悲しい映像をまざまざと現出させる。さすがに作家の筆である。

ある商店に住み込みで働いていたとき、ベソをかきながら一人訪ねてきた弟の様子から、一家が餓死寸前であることを直感した英治が、給金の前借りで店の牛缶を二つつかみ、飛び出していく話もあった。十五歳のころである。

なにをしてもうまくいかなかった吉川の父親は、酒に溺れ、血を吐くようになっていった。自暴自棄をともなう酒は恐ろしく、その人本来の人格などはどこかへふっ飛んで、今飲む一合の酒を手に入れるためなら、家族を飢えさせることも辞さなくなる。英治はこれを、「酒狂」と呼んだ。

黒土は神の肌

『忘れ残りの記』は、昭和三十（一九五五）年から三十五（六〇）年にかけて書かれた。吉川が押しも押されもせぬ大作家となってからである。大作『新・平家物語』を執筆し、『私本太平記』に取り組み、ほかのものに手をつける余裕などなかった時期に、この自伝を書き継いだのは、これだけは書いておかなければならないと強く思っていたからであろう。

自伝を書いた吉川の思いは、ただ往時を回想して懐かしむことでも、後世に自分のサクセス・ストーリーを残そうといったことでもない。それはおそらく、自分という人間を支えてきた信念とはなにか、あるいは自分の文学の根底にあるものはなにか、という自己確認を行うことにあったのではないかと思うのである。

これも十三歳のころの話だが、英治は一家の飢餓を見かね、闇にまぎれて他人の畑のじゃが芋を盗んだことがあった。このことは、生涯の痛恨事として、ほかの随筆でもたびたび書いている。だが、その行為への反省は、単なる良心の呵責というのとも違う。

「二日も、食べないでいる弟妹たちを、うしろに置いて、芋泥棒に出かける気持は、ちっとも悲惨じゃなかった。何か、理窟のつけられない信念があった。畑の闇は、恐しかったが、柔かい黒土の中へ、手を突っ込むと、神の肌が感じられた。無数の親芋や、子芋を、温《ぬる》い夜の土壌の中に、指で探り当てた時の戦《おのの》きは、貧乏してこそ、味わいうる快感だった」（『草思堂随筆』）

この文章に続けて、吉川はこんなことを書いている。

「飢餓線は人間を、極悪にするか、人情を極美にする」（同書）

他人の畑の芋を盗むことが悪いことだとは、わかっている。しかし、その芋が、幼い弟や妹の腹を満たし、命を救うことも事実なのだ。少年吉川英治は、温かい黒土のなかに芋を探り当てたとき、なによりも、「ああ、神が餓死から救ってくれる」という感動にとらわれたのではないだろうか。

人は極限にまで追い詰められたとき、不正を犯してしまうこともある。それだからこそ、そこで人間は、最も深い心の美しさ、命の尊さを知ることができる、と吉川はいっているかのようだ。「人情を極美にする」ということばの意味である。

食も人生味

飢餓のなかに生命の美しさをみた吉川が、食通の快楽などにそれほどの価値をおかなかったのは当然である。

「食味の世界なんて、すぐ突き当るものである。美味い物食いを追う食通などは、おおむね〝通《つう》の沽券《こけん》〟と〝通のジレンマ〟ばかり食べているようなものだ。醍醐味は、苦労の遊戯にあると云うならそれも遊びで結構なことだ。然し結局、死に際には、案外正直に、『水がいちばん美味いや』なんていうかもしれない」(『折々の記』)

と、突き放して眺めていた。

とくに吉川は、子どものときからの美食、飽食には反対した。自身の家庭でも、「栄養価には心をこめてやるもよい。然し『なるべく、まずい物をやれよ、粗朴なお惣菜がいいよ、ヘンな大人好みのお料理はよせよ』と、それだけは、女房に云っておく」(同書)

といっている。彼にいわせれば、うまいものを食べるのも、努力して到達すべき人生の目標のひとつであって、今の文章の続きに「幼少のうちに、(略)限りある人生味を先に舐め飽かせてしまったら、子供にとって、どうなるかである。(略)未知への驚異や、欲望のために克己する楽しみも少くなる」、と書いている。

食べものが人間にとっていかに大事かを、骨身にしみて知っていただけに、吉川は「食べる心」とでもいうべきものを求めずにはいられなかったのであろう。無自覚な飽食を嫌った。子どものころからの飽食からは食べものを軽視する思想しか育たない。

吉川が、自分を「茶碗の持ちよう一つ知らない野人」といいながら、しだいに茶の湯の楽しさに引き込まれていったのも、食べること、飲むことに「心」を求めていたことの表れであったに違いない。酒も強かったが、飲んで乱れなかったのは、父親の「酒狂」の教訓が生きていたからだったといえる。

二、スターの周辺

高倉健――ロケ地の豚汁とカレー

心のこもった食べものの向こう側には人がいる。
孤独なスターに、人知れない食の時間があった。

たかくら・けん（一九三一～二〇一四）福岡県生まれ。本名・小田剛一。一九五六年、東映で俳優デビュー。六五年の「網走番外地」の大ヒットで、スターの座を確立した。七六年、東映から独立、「八甲田山」、「幸福の黄色いハンカチ」など次々に大作に主演し、大スターの存在感を示す。ハリウッド映画「ブラック・レイン」などにも出演した。

コーヒー好き

高倉健と近づきになろうとして、ことごとく振られる話が、池部良の『食い食い虫』という本のなかに出てくる。池部良が、高倉健主演の東映映画「昭和残侠伝」（一九六七年第一作）に、準主役級で出演するようになった最初のころであった。池部は初共演の高倉と誼《よしみ》を通じたいと思って、「健ちゃん、今日でも、明日でもいいけど、一杯、飲みに行こうか。どこがいい？」と声をかけると、高倉は「いいすね。でも、僕、飲めませんから」という。では食事でも、と誘うと、「いいすね。でも、僕、めし、あんまり食わんのです」。それでも池部がねばって会食の約束をとりつけようとするが、高倉に、今日も明日も行くところがあるから、といって断られてしまった。

あとで池部は、ある撮影スタッフから「池部さん、健さんに、酒や食いものの話ししたって無駄ですよ」と耳打ちされる。「健さんが、どんなめしを食べてるか、見たことのある奴は、撮影所広しと雖《いえど》も、誰もいないんですよ」、さらに「とにかく、徹夜でコーヒーばっか飲んでるんですよ。コーヒー飲む前、三時間ぐらいバーベル上げたり、鉄亜鈴持ち上げたりするんですよ。だから、年の割りにいい身体してんでしょ」と余計なことまで。ときに高倉健三十六歳、まだ「年の割りに」といわれる年齢でもなかった。

酒が飲めず、大のコーヒー好きだったことは、高倉本人もたびたび語っているところである。彼は、たばこはやめられても、コーヒーはやめられなかった。

高倉が東映を退社後に出演した「八甲田山」（一九七七年）の撮影は、非常に過酷なものだった。八甲田山の深い雪のなか、しかも、防寒が充分でない明治時代の軍装でのロケが、朝六時の点呼から深夜二時、三時まで、計百八十五日間にもおよんだのである。さすがの高倉も、自らの気力体力をもちこたえられるか危ぶんだ。

「演技なんか考えてる余裕ないですよ。どうやって体を持たせるか、そのことだけです。そういえば、それまで一日八〇本も煙草を吸ってたんですが、あのときを境にきっぱりやめました。（略）成田山に初詣でして、そーっと心の中で願をかけることにしたんです。いちばん大好きなコーヒーか煙草かどっちかやめるから、無事に終わらせてください」（『高倉健インタヴューズ』野地秩嘉）

煙草かコーヒーか、というときにも、選んだのはコーヒーのほうだった。

摂生は主役の義務

『高倉健インタヴューズ』には、四十六歳のとき、高倉健が自分の食生活について答えたという、「週刊現代」（一九七七年十月十三日号）のこんな記事が紹介されている。

「ぼくには妻も子もいません。たった一人の、百パーセント外食の生活です。よく知らない人とは一緒にメシを食わない。食事をしながら仕事の話をしない。きらいなものは食べない」

このぶっきらぼうなものいいは、食事などどうでもいい人のいいぐさに聞こえるかもしれないが、そうではなく、主演を続ける俳優にいわせた食事への用心深さである。映画の撮影が始まると、

「病気とケガが一番怖い。熱が出て顔が真っ赤になっただけでもフィルムに映ってしまうから、俳優にとって健康の管理は重要です。体をこわしてスケジュールをくるわすと、相手の俳優さんにもスタッフにも悪い。風邪をひこうが下痢をしようが、主役は『今日はやらない』とは言えません。（略）／日本映画では撮影中やロケの食事というと、いつも豚汁とカレーライスなんです。僕なんか『網走番外地』の頃から、もう三〇年以上も豚汁ばかり食べている。でも、これもひとつの知恵じゃないのかな。どちらも食中毒になるようなものは入ってない。北海道に来てみたら、カニが安かったから、じゃあカニにしようなんて喜んで、たくさん食べると、とたんにおなかをこわしちゃったりする」（同書）

と高倉自身が語っている。

パリ・ダカール・ラリーをテーマにした映画「海へ See You」（一九八八年）のロケ地は、ヨーロッパからアフリカにまたがったが、高倉は現地食を食べなくてすむように、日本から大量のパックご飯とレトルトカレーをもち込み、毎日それを食べていた。

子どものころ、体が弱かったという高倉は、水や食べものが変わることで体調を崩しやすかった。好き嫌いも多く、大の魚嫌い。好きな食べものは中華料理で、「一年三百六十五日食べ続けても飽きない」と自らいうほどであった。

旅と巡りあい

高倉健は、旅に憩いを求めていた。彼自身の二冊のエッセイ集を読むと、ほとんどが旅の話で、そこにしきりにレストランのオーナーやシェフが登場する。一人で旅をしていると、自然食事をする店の人たちと親しくなったりするわけだが、高倉はそういうところで、仕事のからんだ場所では出あえない、食を通じた人の心というものにふれていた。

偶然入った、パリの裏町の、なんでもない小さな中華料理の店で、高倉は鉄観音茶を注文した。注文をとり、料理を出すのは、店の主人の夫人とおぼしき女性である。

「何分か経って、凸凹だらけの大きなヤカンを持ってきた。／鉄観音は、独特の急須で独特の淹《い》れ方をしなければ本当の味が出ないことを／専門家に聞いていましたから、じっと眺めていたんですが、／そのセレモニーをまさしくその通りに、正確にやるんです。／使っている急須も鉄観音用の急須を使って、／最初の一番出しのお茶で茶碗を洗うんですね。／手でくるくると、とても器用に回しながら茶碗を温めて、／雫《しずく》を切ってから淹れる。／お茶を淹れるその動作を見ているだけで、／客をもてなす心遣いというんでしょうか、／彼女の〝気〟が伝わってきて、／パリにいる四日間、その店に毎日続けて通いました」(『旅の途中で』)

そうして通っている間に、高倉は、店主は中国からやってきてパリの美術大学を卒業したが、中華料理屋を開いてパリに居ついてしまった人であること、店で使っている器は、主人の手づくりであること、などを知った。

いよいよ日本に帰る日になって、店主夫人が小さな声で初めて高倉に話しかけた。「あなたのことを私はよく知ってます」。彼女は客が日本の有名な映画俳優の高倉健であることを知っていながら、それをけぶりにも出さずに彼をもてなしていたのである。

ハワイのワイキキでベトナム料理店を経営しているベトナム人のサムという人物について、高倉はよほど惹《ひ》かれるものがあったらしく、こんなふうに書いている。

「サムを見てると、自分も人に接する時に、／いつもなんだか暗い難しそうな顔をして――大したこと考えてないんですけど――、／下向いて仏頂面してるんじゃなくて、ああいうふうに、／人に何かを与えられるような毎日を生きたいなあと思うんです。／何なのかうまく説明できないんですが、／『もっと側にいて、この人と同じ空気を吸っていたい』／と思わせる、不思議なもの。／それが食べ物屋さんを超えた何かをお客さんに提供して、／次から次へ道がつく」（同書）

旅をして、たまたま立ち寄った店で、食事から、そのつくり手の人間を直感する。高倉には人並み外れてそういう種類の味覚があった。食通をひけらかさなかったが、高倉は食の背後にいる人間を感じ取ることにかけては、自信をもっていたはずである。

小津安二郎——とうふの果てのがんもどき

三十年にわたる小津安二郎の日記は、あたかも食べもの日記の観がある。この不世出の映画作家にとって、「食」とはなんだったのか。

おづ・やすじろう（一九〇三〜六三）東京生まれ。十一歳のとき父の郷里三重県松阪町に移転。二十一歳で東京に戻り、松竹キネマに入社。一九二七年、監督となり、戦前は主として無声映画で活躍。終戦まで、中支、シンガポールなどへ出征した。戦後、「晩春」、「麦秋」、「東京物語」などの名作を発表し、高い評価を受ける。

慄然とするシャレ

映画ファンといってもいろいろである。私は映画に溺れていた時代はあったが、いわゆる映画青年であったことは一度もなかった。映画はおもしろければよく、監督などだれであろうがかまわない、という次元の低い映画ファンだったのである。だから、高名な小津安二郎監督のことも、ほとんどなにも知らなかった。

では、その小津安二郎になぜここに登場してもらったかといえば、ある本で、死を間近にして小津が吐いたということばに出あい、この人にとって、「食」は相当に重い意味をもっていたのではないか、と思ったからである。

「トウフばかりつくってきたんで、こんどはがんもどきの番か」（『小津安二郎の食卓』貴田庄）

これが、そのことばだが、意味を知って、私は慄然とした。小津はつねづね、自分の映画づくりについて、「一生涯かけて、ほんとうにうまいとうふをつくりたい」といっていたという。それをふまえて、自分の病気が癌であることを知ったとき、こういうシャレをいったのだ。「がんもどき」の「がん」に癌をひっかけたのである。

小津安二郎は昭和三十八（一九六三）年十二月十二日、満六十歳の誕生日に亡くなった。病名は腮源性癌腫《さいげんせいがんしゅ》。頸部に悪性の腫瘍ができる病である。三十八年四月に国立がんセンターで手術を受け、七月に退院するが、十月、医科歯科大学病院に再入院して、それっきりであった。

結果からみれば、「がんもどき」というシャレは恐ろしい。しかし、同時に、自分の作品から病気まで、どこまでも食べものにたとえた小津安二郎という人に、私は注目したのである。そもそも「俺の映画はうまいとうふをめざす」というなら、とうふのうまさというものを知っていなければならない。小津はおそらく、とうふの味を知っているという点でも、うまいとうふのように微妙な味をもつ自分の映画にも、自信をもっていたのだ。

食べもの日記

小津安二郎は昭和八(一九三三)年から三十八(六三)年まで、ブランクもあったが、三十年間の日記を残している。年齢でいえば三十歳から六十歳まで。その日記には、とくに食べものについての記録が目につく。

ランダムに、たとえば昭和八年二月の日記のなかの食べものに関することばだけを摘記してみると、

六日「茂原　忠と大森不二屋にてすきやきを喰ふ」／八日「千疋屋にてポンカンを買ひ帰る」、／十日「干鰈の味もよく　一寸うららかな気になる」、／十三日「資生堂の

二階でライスカレーを喰べて内田岐三雄に会ふ」、／十五日「不二《富士》アイスにて鴨の丸煮をくふ」、／十八日「清水と大森の不二屋にてボビルをのむ　ダイモールとカスカラが利いて腹工合よし」、／二十二日「オリンピックにて絹代さんとコーヒーをのみ東京屋に行く」（『全日記　小津安二郎』田中眞澄編。以下同じ）

人に会った覚え書きなら、たとえば「資生堂の二階で内田岐三雄に会ふ」ですむ。だが、小津は明らかに、意識してそこで食べたものまで具体的に記録しようとしていた。彼はこのときまだ三十歳である。

「富士の里／松茸土瓶むし　新このわた　栗ふくませ　芋のにたの／喰ひものが段々とうまくなる」

昭和十年九月十三日の日記。「段々とうまくなる」は、秋になって、ということだろうが、年齢を加えてだんだんと、といっているようにもとれる。

小津は酒飲みであった。日本酒党で、たいていは仕事仲間と酒を楽しみ、ときにはかなり深酒をした。酒の肴としての珍味も好んだが、ふだんの食事では、すし、天ぷら、鰻、すき焼き、そば、鳥、和食洋食なんでもござれ。甘いものまでよく食べ、甘酒を好んで飲んでいる。

酒は緩慢なる自殺

食べものを記録するという点で、小津の日記は死の年まで変わらない。しかし、戦争をはさんで、なにかが変わった。戦前の日記が明るく、ゆとりがあったのに対して、戦後はなにか苦しく、切迫したものを感じさせる。戦前は毎日のように日記に書きつけていた俳句も、戦後はぱったりとやめてしまった。

昭和十四(一九三九)年、小津は中国の前線で、戦闘も、睡魔と飢餓にさいなまれる過酷な行軍も経験した。戦中日記には、

「疲れれバ疲れる程意地悪く増長する食欲にハ自分ながら　どうすることも出来なかつた。おたま杓子の泳いでゐる田圃の水も呑めバ　拾つたも同様の芋の切干も喰つた。埃をかぶつた支那饅頭の餡も喰へバ、残飯で拵へたおこしも平気で喰つた」

と書き、「長生きをして美味いものをうんと喰ひ度い」と、赤裸々な叫びを放っている。

こういう戦中の体験に加え、戦後の荒廃した東京を前にして、小津は深い失望感にとらわれたに違いない。

だが、人間は生きるために食べ、食べるために働くという現実は続いていた。そこで彼が、自らにむち打って始めたのが、映画のなかで自分の内なる風景を取り戻すことだった、といえるように思う。「晩春」から「彼岸花」に至る、渾身の力作をたて続けに発表して、小津は疲れた。日記のなかにも、「くたびれる」の語が多くなってくる。彼は悪性腫瘍などは考えもしなかっただろうが、酒飲みだったうえに、父を狭心症で亡くしていることもあって、自分も心臓病で倒れるのではないか、と思っていたようだ。昭和三十五（一九六〇）年の大晦日ではないかと思われる日記に、

「酒はほどほど　仕事もほどほど／余命いくバくもなしと知るべし／酒ハ緩慢なる自殺と知るべし」

という自戒のことばをしたためている。

一方、食べものについては、日記で「美味」を頻発、昭和三十五年ころから、小津の味覚は佳境に入った感がある。それにしても、なぜ三十年にもわたって、食べもの日記だっ

たのか。

おそらく、小津安二郎にとっては、うまいものを食べることが、若いときから、自分自身の生きている実感であり、証しであり、それを記録し、記憶せずにはいられなかったのだろう。そう考えるしかない。小津が生涯独身であったのも、好きなものを食べる自由を確保しておきたかったからではないか、とさえ思えてくるのである。

美空ひばり——入魂「悲しい酒」

昭和史のなかに響き続けるあの歌声の裏側に、大スターの、飾り気のない生活感があった。

みそら・ひばり（一九三七～八九）横浜市生まれ。本名・加藤和枝。十一歳で歌手デビュー。主演映画「東京キッド」などの主題歌が大ヒットし、十二歳で人気歌手となる。その後映画に舞台に大活躍する一方、「リンゴ追分」、「哀愁波止場」、「柔」、「悲しい酒」、「愛燦々」、「みだれ髪」などの名曲で、歌謡界の女王の座に君臨した。

そばでつながる

広い東京で、無数にある食べもの屋のうちの一軒の、同じ食べものが好物だったということになれば、いささか縁があった、ということにならないだろうか。大スター美空ひばりとは無縁の人間である私が、ひばりの妹佐藤勢津子が書いた『姉・美空ひばりと私——光と影の五〇年』を読んでいて、思わず読み返した一節があった。渋谷東急文化会館の四階にあったそば屋、永坂更科のことが出てきたからである。

勢津子は「五年ほど前」といっているから、一九八〇年代の初めごろのことであろうか。よく買い物をする渋谷の東急デパートにひばりと一緒に出かけた勢津子は、ぜひ食べさせたいからと、ひばりに東急文化会館の永坂更科に連れていかれる。ところが、あいにく店は満員だった。勢津子が「お姉ちゃんいっぱいで駄目よ」といっている間に、ひばりは、「あっ！　席がひとつ空いてる」と叫んでいた。勢津子はスターの姉が知らない人と相席になるのはどうかと思ってためらっていたが、ひばりはかまわず「いいじゃない。あんたに食べさせたいんだもの、ここのお蕎麦を」と、はや天ぷらそばを二つ注文してしまう。そのうえ、そばが来て、勢津子のそれにれんげが添えてないことがわかると、「すみません。れんげをひとつ下さい！」と大声で店員に頼むなど、なんの屈託もなくふるまうのであった。

私は昭和四十七（一九七二）年から、渋谷の宮益坂を上りきったところの会社に三年ほど勤めていたことがあって、東急文化会館の永坂更科に、平日はほぼ毎日通っていた。昼めしに行けなければ、帰りがけに食べたものである。それほど、ここのそばが好きであった。会社を移って、方角違いになってからも、永坂更科にはわざわざ出かけたが、あるときこの店がなくなっていて、がっかりした記憶がある。

そんなことがあって、勢津子の「永坂更科」の話に、立ち止まらされるような思いがあったのである。

手づくりの塩辛

世に「ひばり御殿」といわれた美空ひばりの邸宅は、横浜市磯子の間坂という高台にあった。間坂は磯子では高級住宅地で、ひばりが生まれ育った低地の滝頭あたりの者にとっては、そこに家を建てることが憧れであった。昭和二十七（一九五二）年に建てられ、ひばりと家族全員が暮らした家は、八百坪ほどの敷地に、延坪数百坪くらいの二階建て、広い芝生の庭にはプールもあり、どこからでも横浜の海が見えたという。

ひばりは、三十四歳のときに出した自伝で、この間坂の家で暮らしていた時代が、最も幸せだったと回想している。家が建ってから、昭和三十七（一九六二）年に小林旭《あきら》と結婚するまで、十六歳から二十五歳までのほぼ十年間のことであった。

休日には、ひばりは決まって妹の勢津子と連れ立って横浜元町に出かけ、昼食にはジャーマンベーカリーでハンバーガーとコーラを注文し、美容院や買いものを楽しんだ。勢津子がひばりから小林旭との結婚話をはじめて打ち明けられたのも、やはりジャーマンベーカリーで、ひばりが苺《いちご》のショートケーキを、勢津子がチョコレート・パフェを食べながらだったという。

コカ・コーラが一般に市販されるはるか以前から、ひばりの家にはケースで届き、飲まれていたということは、何人もの人々が書き残している。ひばりは昭和二十五（一九五〇）年、十三歳で川田晴久とともにハワイ公演に出かけているから、ほかよりも早くコカ・コーラの入手ルートを得ていたということは考えられる。

だが、横浜のモダンな雰囲気を愛した反面、ひばりは家では和食党であった。

彼女は、高級な中華料理やふぐ料理、京都の奥座敷の天ぷらなど、贔屓《ひいき》の店を決めて食べていたが、それらはいわば表舞台の食事で、勢津子が、

「和食がもっとも好物だったのは間違いありません。／塩辛に納豆、梅干し、明太子と典型的な和食が好きです」、「『このママの塩辛だけは手放せないわね』／と、和食が好きなお姉ちゃんの、家での食卓にはかならず母の手作りの塩辛が置いてありました」（『姉・美空ひばりの遺言』佐藤勢津子）

という通り、ひばりの食生活のベースには、塩気の多い庶民の日常のおかずがあったのである。小林旭との離婚後、「女性自身」(一九六四年七月六日号)の記事のなかに、次のような彼女のことばが伝えられていた。

「ひばりはゼイタクをしているだろうと、いわれたり書かれたりしますが、私はアクセサリーを人からいただいても、取っておいてときどき出して眺めるくらいケチンボです。たべものも、れんこんの煮たのとウィンナ・ソーセージがあればそれで結構、ちらし寿司なんか、大ごちそうの部類です」(『美空ひばり』竹中労)

酒が最後の友

ひばりファミリーは、妹の勢津子を除いて皆、酒が飲めた。間坂の家では、家族と業界の親しい人々とが集まり、よくにぎやかな宴会に近い会食が行われていた。

その楽しい酒が、ひばりにとって憂さを晴らす悲しい酒になっていったのは、一九八〇年代に入って、肉親や親友が次々にこの世を去ったころからだったといわれる。昭和五十六(一九八一)年にひばりとは一卵性母娘とまでいわれた母、喜美枝が死去し、五十七年に親友の江利チエミが四十五歳で、親交のあった大川橋蔵が五十九年に五十五歳で急逝、五十八年と六十一年には、実弟の益夫（哲也）と武彦も四十代で相次いで亡くなった。なにかと問題を起こす弟たちをかばい、ひばりは世間からすさまじいバッシングを受けていたが、家族が生きていればこそ、頑張れたひばりの心も体も、一人ぼっちになってしまって、折れたのであろう。

ひばりの死因、肝硬変は、彼女の深酒と関係があったであろうことは充分に考えられる。勢津子は、『姉・美空ひばりの遺言』のなかで、「なぜ、もっと強く、／『お酒を控えて……』／と言えなかったのか」と悔やみながら、「でもお姉ちゃんにも他人にはけっして言えない苦しみがあり、心を癒してくれる一つの手立てとして、好きなお酒（晩年は主に焼酎）で気持ちを発散させたのです」と姉を思いやっている。酒で死期を早めたと思われるのは、ひばりだけでなく、弟たちも同様であった。

「晩年は主に焼酎」とあるのは、下の弟の武彦が一時、土浦のほうで居酒屋を経営していたことがあり、その店で出していた焼酎「いいちこ」を気に入ったひばりが、盛んに人にも勧めていた、その焼酎である。それ以前のひばりの酒については、

「お嬢は酒を飲むとき、必ずウィスキーから飲みはじめた。それから日本酒に切り替えて、お銚子で二、三本飲んだ。五、六本いくこともあったが、そんなときは顔が真

っ青になった」（『お嬢…ゴメン。』嘉山登一郎）

と書いている人もいる。「お嬢」は、ご存じひばりの通り名。

酒にまつわる武勇伝といっていいものかどうか、本田靖春の『「戦後」——美空ひばりとその時代』は、新宿のゴールデン街に繰り出したひばりの逸話を紹介している。ひばり自身というよりも、母親の喜美枝が、ひばりファンのイラストレーター黒田征太郎のやや挑発的な誘いに応じ、ひばりとともにゴールデン街の酒場「プーサン」に現れたというのだ。しかも、そこでひばりは、酔客に歌をせがまれ、「うたってもいいわよ。何歌うの」とあっさり受けて、求められるままに一節太郎の「浪曲子守歌」を唄ったという。

この場面に、私は、ステージ上のそれとはまた違った、颯爽《さっそう》とした美空ひばりの姿を見た思いがする。彼女は、人に歌を聴いてもらう原点なんて、もともとはこういう酒場のようなところなのよ、といい放っているかのようだ。

淀川長治――ヒッチコックの〝鶏〟

洋画を味わいつくし、語り続けた八十余年に、
サヨナラ、サヨナラ、サヨナラのエンディング。

よどがわ・ながはる（一九〇九～九八）神戸市生まれ。一九二九年、「映画世界」社入社。三三年、ユナイテッド・アーチスツの宣伝部長などを経て、四八年以後、十数年間、「映画之友」編集長。六六年からＮＥＴ（現テレビ朝日）の「日曜洋画劇場」解説で人気者に。『私の映画の部屋』、『淀川長治自伝』など多数の著書がある。

酒が飲めれば監督

「映画は私の生涯、いま振りかえって、このいまの私の88歳の人生のなかに、じまんできるただひとつのことを神が与えてくれたのが〝映画〟だった。この幸せを、いま

にしてたいせつなことだったと思う」（『最後のサヨナラ　サヨナラ　サヨナラ』）

八十八歳にしてこう述懐できた淀川長治は、たしかに幸せであった。ところで、もの心ついたころから映画ひと筋の淀川は、映画監督をめざしたことはなかったのだろうか。あるインタビューで、こんなふうに答えている。

「僕はお酒が好きだったら監督になるんだけど、汁粉党なのね。酒が全然飲めないの。映画監督というのはオーケストラの指揮者なのね。それから大工の棟梁。それが映画をつくって、半分できる、あるいは三分の一できたときに『オイ、見るか』とラッシュを見る。みんなと一緒に見て『ああここがうまくいったぞ、カメラがよかった』『それじゃ一杯飲もうか』なら形になるけど、さあ、みんなで汁粉を飲んで。誰がついてくるもんか。（略）それで僕は駄目だったの」（『映画が教えてくれた大切なこと』）

酒を飲まなくても、酒の話を好む人もいるが、淀川の場合は、酒を飲むシーンの多い洋画を縦横に語りながら、酒についてはほとんど話題にしなかった。「キネマ旬報」（一九八四年四月下旬号）で作家の開高健と対談をした折なども、「今日は映画と酒のレッスンですからね。映画に出てくる酒の名場面ですが、……」といった調子で、しきりに水を向ける開高に対して、淀川はかわしにかわし、酒のことはなんにも語らずに長い対談を切り抜けていた。徹底している。

はじめてニューヨークに滞在したとき、淀川はホテルの隣にあった飲みものの店に、毎晩決まって十時半にオレンジ・ジュースを飲みに出かけたという。おそらくほとんどの客が酒類を飲んでいる夜の時間、甘いオレンジ・ジュースでねばるのは勇気の要ることだったに違いない。余計なお世話ではあるが、せめてコーヒーにでもされては、といいたくなる。神戸で生まれ育った淀川は、早くからコーヒーになじんだが、とくにコーヒーに凝った様子はなかった。

切ない食

淀川は食について能弁ではない。というより、われがちにグルメをいう風潮を嫌っていたように思える。自身の食事についても、映画のなかの食事の場面についても、積極的には語らなかった。彼が育った時代、ふつうの家庭では、おしゃべりをしながら食事を楽しむという習慣はなく、めしは黙って食うものであった。淀川は、話術の巧みでない日本人は、能のような芸術は得意だが、映画づくりはうまくなかった、という発言に関連して、

「日本は侍の国で、モノを言ったらいけなかった。ご飯を食べるときに『黙っとれ!』と言われた」(前掲書)

といっている。

ただ、淀川は、映画に描かれた、飢えと隣り合わせの切実な食には注目していた。終戦直後、アメリカ政府の管理する配給会社に勤めていた淀川は、その会社が、極貧の一家が、たまたま手に入った生のかぶらを、家族全員でポリポリとかじる場面などのある「タバコ・ロード」(ジョン・フォード監督、一九四一年)と、南部の貧農のみじめな生活を描いた「南部の人」(ジャン・ルノワール監督、一九四五年)を、アメリカの恥だとして日本で公開させなかったことに、怒り狂って、この会社をやめている。

「我が道を往く」(レオ・マッケリー監督、一九四四年)は、老牧師と若い牧師の話だ。自分の教区に若い牧師が来たことで、すねてしまった老牧師は、あるとき家出をする。若い牧師は心配して探しまわるが、結局、老牧師は行くところもなく、ムッツリとしたまま帰ってきた。若い牧師はなんにも聞かず、「お帰り」とあっさり迎え、「今夜シチューが残ってしまったが、おたべになるかね」と声をかける。「いらない」というかと思ったら、老牧師はなんとも返事をせず、二階の自分の部屋へ上がっていった。ベッドに夕食を運んでやると、老牧師はよほど腹をすかせていたらしく、パンひと切れも残さずにむさぼり食う。若い牧師は、食膳を片づけ、老牧師の好きなアイルランドの子守歌のオルゴールをかけてやる。若い牧師の名はオマリー、演じているのは歌手としても有名なビング・クロスビー。

「やがてオルゴールのとまるころ、これをつづいてオマリー（クロスビー）がささやくごとく老牧師に歌って聞かせた。老人は、うとうととスヤスヤと眠りだした。オマリーのルーラルーラァのその歌声も小さく、そろりそろりと若い牧師はこの部屋をぬき足さし足で出て行く。ふりかえると老牧師のその安らかな寝顔、オマリーこれでよしと小さな声で〝グッナイ〟すると、寝た眠った、そう思っていた老牧師が、うれしげに〝グッナァイ〟。ああ老牧師、起きていたのだ」（『最後のサヨナラ　サヨナラ　サヨナラ』）

殺しの担当は夫人

ジョン・フォード、チャーリー・チャップリン、ハロルド・ロイド、ルネ・クレール、アルフレッド・ヒッチコック等々、淀川長治が会った映画人は数知れない。日本の洋画ファンの夢をそのままかなえたような、こうした世界の名作の監督やスターたちとの交流は、淀川の活躍の忘れてはならない一面である。

淀川は双葉十三郎や植草甚一とともに、日本でヒッチコックをもてなしたことがあった。銀座のある日本料理店に案内したのだが、意外にもヒッチコックはそこでビーフステーキを食べたいといい出し、淀川たちはあわてて、帝国ホテルのシェフに頼み、ステーキを用意してもらっている。このとき、淀川は、あのヒッチコック映画独特の恐怖に満ちた殺しの場面は、ご自身で考えるんですか、と質問してみた。すると、ヒッチコックは同席の夫人を指して、「恐ろしい殺し方はみな、これが考えるんです」と答えたという。淀川がヒッチコックを紹介するとき、たびたびもち出す次のような話もある。

「ヒッチコックはニワトリのタマゴや肉を売るお店の子だったので、大人になってもタマゴが大嫌い。だからヒッチコックの映画を見ていると、タマゴを相手に投げつけたり、タマゴの上に吸いさしのタバコを差しこんだりするシーンを、思い出されるでありましょう」(『名作はあなたを一生幸せにする』)

私などは、ヒッチコックといえば「鳥」(一九六三年)を思い浮かべるのだが、これを読んで、そもそも「鳥」は「鶏」からきているのかもしれない、と思ったものである。

生涯映画を見、映画を語り、一流の映画人たちとふれ合うことを喜びとした淀川長治は、食の嗜好についてはごくふつうの人であった。だが、映画の核心にふれるものが食であれば、それを見逃さずにとらえていたといえる。

三、東京エッセイ

池部良——戦争は〝めし〟で負けた

二枚目から渋い脇役までを演じつくしたあとに、名エッセイストというもう一つの人生が待っていた。

いけべ・りょう（一九一八〜二〇一〇）東京生まれ。一九四〇年、東宝で俳優デビュー。四二年に応召、中国から南方戦線まで転戦する。戦後、四九年に出演した「青い山脈」が大ヒット、「暁の脱走」（五〇年、新東宝）、「現代人」（五二年、松竹）などに主演し、二枚目スターとしての地位を確立する。晩年は名エッセイストとして活躍した。

理不尽のかたまり

自分の長く住んでいる場所の近くで生まれ育った人には、親しみが湧くものである。私はもう四十年以上、東京は大田区の馬込というところに暮らしているが、池部良は、馬込に隣接する大森で生まれ、二十三歳までそこで過ごした。

「我が家を出て三百メートル行かない処、馬込村に入る、椎、栗の樹に覆われた臼田坂という胸突き八丁の坂がある」（『そよ風ときにはつむじ風』）

臼田坂の手前といえば、池部の家は今の大森中央（当時の新井宿）のどこかにあったようである。馬込から新井宿あたりにかけては、戦前戦後、百人に余る文士や画家が住み、馬込文士村などといわれていた。

池部良の父親は、新聞の時事漫画でも人気を博した、戦前の売れっ子画家池部鈞である。この人、二言目には「ばかやろう」の飛び出す江戸っ子で、理不尽のかたまり、妻子は彼の言動に振りまわされっぱなしだった。池部のエッセイの出世作『そよ風ときにはつむじ風』は、全編、そういう父親の言行録である。

父親は朝ご飯のときに上等な海苔を食べるのだが、「お前達は、まだ子供で、こういう高級な、江戸前の味なぞ、わからねえんだから食わせるだけ無駄だ」というようなことをいって、子どもたちには食べさせなかった。

海苔に限らず、父親は子どもにぜいたくをさせるのはためにならない、という主義で、自分はうまいものを目の前で食べていながら、子どもには食べさせない。銭湯に行く途中、「良、まんじゅう食って行こう。お母さんには内緒だぞ」といっておきながら、菓子屋で注文したのは、自分だけまんじゅう、良には値段の安い素甘《すあま》であった。母親がせっかく池部の弁当用に卵焼きをつくっていると、父親がそれを贅沢だといってやめさせ、自ら弁当づくりに乗り出し、削り節と梅干しだけの日の丸弁当にしてしまったりしている。

食いものの恨みは怖いというが、池部は父親に対して、少なからず食いものの恨みがあったようだ。後年、五年近く軍隊生活を強いられた池部はこう述懐している。

「やりたくもない戦争に、いやいや引っ張り出されて、少しも馴染《なじ》めないことを要求されているのだから、せめて『めし』ぐらいは、おいしいおかずで充分に食べさせてくれるのかと思ったら、高粱《コーリヤン》、豆粕《まめかす》入りの白米、乾燥野菜の煮つけ、極く、たまに、小さな豚カツ一個が出る、量の少ない食事には悲嘆にくれた。／豚も煽《おだ》てりゃ、木に登る。／兵隊には、栄養満点の食べ物を豊富に与え、これだけ、いい思いをさせているのだから、確り戦ってくれよとでも言われれば、誰もがその気になったに違いない。(略)／日本が敗けたのは、軍部首脳のみみっちい食事の考え方にある、と思っている。／終戦の日、南の小島で、おやじが作った日の丸弁当が思い出された記憶がある。

る」（『食い食い虫』）

軍部首脳と父親の食事の考え方には通じるものがあった。では、そんな父親が嫌いだったかというと、池部はだれよりもこの父親が好きであり、尊敬していたのである。

映画の食うちそと

それにしても、池部良が書いたエッセイには食べものの話が多い。俳優としての回想にも、たいてい食べものがからんでくる。

松竹映画「早春」（一九五四年）に出演したときの、小津安二郎監督の思い出は、小津の豪快な食事ぶりを伝えるものだ。台本の読み合わせの初日、小津は昼食に、ぶ厚い茹で鮹《だこ》の足を一本も切らずに出させ、「太い指を使って鮹の足を抓《つま》み、麻雀牌のような前歯を剥き出しにして、がぶっと食いつ」き、昼酒を飲む。撮影に入ってからは、もうひとつ盛り上がりに欠けるというので、ある日の昼食に、撮影所内の空地に竈を築かせ、銀座の東興園からそば玉や汁、さらに人手まで出させて、大鍋で十二、三人分の「支那そば」を茹で、「支那そば大会」なるものを催した。小津は、突如、そういうことをするのである。

「小津監督は、食べものには、うるさい方だったが、通《つう》ではなかった。それが監督の映画に反映しているように思える。／僕の理想とする監督でもあり『人間』でもあった」（前掲書）

池部は、やはり東京生まれだった小津の姿を、自分の父親に重ね合わせてみていたようにも思われる。かつて池部は、父親について、「口にうるさいおやじだったが、『食道楽』ではなかった。新鮮で旬《しゅん》のものなら何んでもよく、それなりに御機嫌よく食べた」と書いていた。

映画のなかの食事の場面なら、池部は断然洋画派だった。

「外国映画での食事の場面は、日本人俳優にとって、羨ましい限りだ。／何が羨ましいってめしに対する観念の違いと、観念の違いから来る食べ方の違い、だ。／シチュー、ステーキ、千切ったパンを、ぱくっと口に放りこむ、放りこんだと思ったらワインをくいっと飲む。いやあ、うまそうだ。そして食べている最中でも、台詞が澱みなく出て来る。唇の端に付いたパンの粉、細かく嚙まれた肉の粒が飛び出しても、しっかりとナプキンや親指の腹なんかで処理する」（同書）

和食では、こうはいかない。洋食を食べるにしても、池部にいわせれば、「白人の締った線のそれとは大違い。部厚く、突き出てい」る日本人の口では、食べる表情をきれいに見せることなどできないというのである。

友だちのいない主役

落語に出てくる江戸っ子などもそうだが、東京っ子はひどく友だちを頼りにするところがあって、仲間外れにされたりすることには、からしき弱い。池部良は二枚目スターになって、友だちのいない、孤独を感じるようになった。

「困ったのは、あいつは『主演俳優』だからというわけで、友人と名のつく、肩を抱き合って喜びも悲しみも別ち合える『人』が、一人として現れてくれないことだった」（前掲書）

友だちになれそうな人との出あいがないわけではなかった。たとえば、戦地から帰って間もないころ、シナリオライターをめざす気になっていた池部は、ある家の一室を借りて執筆に専念しようとした。その家にはやはり執筆に専念するための下宿人がほかにもいて、風呂で一緒になる。

「がらりと板戸が開いて、糸瓜《へちま》を半分に切ったような顔、短く刈って七、三に別けた髪の毛。肋骨《ろっこつ》がシロフォンの鍵《けん》のように露《あらわ》になっている小柄な若者が入って来た。／『失礼します』。礼儀正しい。立ったまま、手拭いで前を隠しながら『映画俳優の池部良さんですか。僕、作家の三島由紀夫です。よろしく。ハハハハハ』と言って作ったでかい声で笑った。自己紹介して笑うのもおかしいが、自分で『作家』と名乗るのも常識に外れている。ちょっと不愉快に思ったが、僕の名前を知っていたから、少しばかり嬉しくなって『よろしく』と頭を下げた」（同書）

風呂のなかで、三島は小説の執筆中で時間が惜しいから、食事をしない、そもそものを食べると頭が悪くなる。それにこの家はヤミ買いでうまいものを食べさせてくれるが、ヤミを否定する自分は、ヤミ買いでつくった食事は食べない、などの自説をまくしたてた。

「この一人よがりの青年が、後に大作家になるとは夢にも思えなかった。付かず離れ

ずの付き合いをしていたから、『友人』になれるかなと思っていたが、残念なことをした」（同書）

と池部は述べている。「残念なこと」というのは、三島の自決のことだ。

友だちというのではないが、池部には、親戚としてもっと親しくつきあいたいと思っていた人もいた。母親の実兄岡本一平の息子、つまり池部にとっては従兄に当たる、画家岡本太郎である。池部は岡本と戦地で偶然会っているが、復員後、岡本のほうが七つ年上であったのと、住む世界の違いで、親密な交際をするには至らなかったようである。

吉田健一 ——大人の味わい方

酒飲みはむろん、酒を飲まなくても、必ず「海坊主」を読むべし。
この作家の文体は、ものを考えるおもしろさそのものだ。

よしだ・けんいち（一九一二～七七）東京生まれ。父はのちの総理大臣吉田茂。十三歳まで、中国、パリ、ロンドンなど、父の任地先を転々とする。戦前から、評論、翻訳などを発表し、戦後は小説にも筆を染めた。代表作に、『シェイクスピア』、『ヨオロッパの世紀末』、小説『瓦礫の中』などがある。

すごい小説「海坊主」

ここのところ、会う人ごとに、吉田健一の「海坊主」を読め、と押しつけてまわっている。

少し気のきいた随筆の味が恋しくなっていたとき、吉田健一の連続エッセイ『乞食王子』を見つけた。それをあっちこっち持ち歩いては読んでいたが、後半にさしかかったところで、「海坊主」という一編にぶつかり、ほとんど驚愕した。

「これは、すごい小説だ！」

思わず、そうつぶやいたほどである。

形のうえではエッセイのひとつでしかない。書き出しも、「こっち」が銀座の岡田で飲んでいるところで、そのままさしたることも起きなければ、酒と食べもの談義と、世相への批評くらいで終わるのがふつうだ。ところが、そこへ得体の知れない、だがやけに飲みっぷりのいい大男が現れる。これはなにか起こるぞ、と予感させる。それから、「こっち」と「相手」は連れ立って、エスポワール、焼鳥屋、ビフテキ屋などをハシゴして歩くのだが、そのたびになにやら楽しい緊張感が高まっていくのだ。最後に、中洲か柳橋あたりの隅田川に面した店で飲んでいるとき、大男はいきなり欄干をまたいで川に入っていく。なにをするのかと思っていると、川を泳ぎ、「月光を散らして中流まで行った時は、既に頭が四斗樽位はあると思われる大亀になっていて、亀はその頭を川下の方に向けて泳ぎ去った」という話である。

酔っ払いのヨタ話というなかれ。わずか数ページの掌編だが、幻想味たっぷりの、なんともすばらしい酒飲みのファンタジーだ。

この「海坊主」を読んだ驚きは、私にとって吉田健一との、いわば再会であった。かつて、少しはこの作家を読んだことがあるからである。

銀座の静けさ

吉田健一の小説には、頻繁に酒を飲む場面やものを食うところが出てくる。それがまた簡単に飲んだ、食べた、というのではない。飲んでいるときの気分、食べものを味わう感覚までが、じっくりと巧妙に描写されている。若いころの私には、そのおもしろさがわからなかった。いや、そういう点のみならず、吉田文学の妙味そのものを理解していなかったのだと思う。

それが「海坊主」に出あったあと、ひさしぶりに吉田健一の小説を読んでみて、しみじみとその特性を味わっている。かつては奇異に感じた、ワンセンテンスを長々と続ける個性的な文体にしても、これがこの作家の描写や批評を正確に伝えるための、血管のようなものなのだ、ということがわかってきた。彼が若者に受ける小説を書こうなどとはつゆ思わず、大人の世界を大人の目で扱ってくれているのは、今となっては得がたいことである。

吉田の作品に酒と食事の場面が多いのも、大人の生活ではそれが大きなウエートを占めるからである。たとえば、『本当のような話』という小説では、裕福な未亡人である主人公の民子が、一人で食事をしたくなり、浅草の小料理屋や銀座のレストランへ出かけていく。それは別に彼女が孤独で寂しいからではなく、浅草や銀座という街で酒を飲んだり食事をする気分にひたりたいためだ。この作品では、そういう場面が、いかにも大人の楽しみとして、ゆったりと描かれている。

浅草も銀座も、かつては大人の街だった。吉田健一自身は、東京の街ではとりわけ銀座を愛したようだが、「銀座の第一印象は静かな場所だということである」といい、「大通りに店を出している喫茶店の一つに入っただけで、そのひっそりした空気が直ぐに身の廻りに迫って来る」と、書いている。たしかに、銀座のよさとは、そういうものだった。彼の作品は、ときどきそんな大人の都会に連れていってくれる。

名著『私の食物誌』

最初に読んだ吉田健一の本は、『ヨオロッパの世紀末』であった。彼にはこういう文明批評があるかと思えば、文芸評論、英文学者としての研究、小説あり、そのほかに、おそらく生涯の仕事量の半分を占めるのではないかと思われる食味随筆がある。

そもそも吉田健一の『乞食王子』を手にしたのも、この人なら味覚随筆がおもしろいと思っていたからである。『酒肴酒』、『舌鼓ところどころ』、いずれも読み応えがあるが、『私の食物誌』がとりわけ名著だ。日本のうまいものをほぼ網羅したような内容になっているこの本、そのひとつひとつについて、吉田健一ならではの、独特の観察が示されている。観察は独特でありながら、非常に的確だ。たとえば、「東北の味噌漬け」の一節。

「これを食べていて頭に浮ぶものが東北の長い冬や雪や日本海の暗い色ではなくて日が差している春の野原であるのはこの味噌漬けにもこの地方の冬に堪えて生きている人達の念願が籠っているのだとでも思う他ない。（略）／大体旨いものを食べて旨いと思って暗い気持になるということはあり得ない」

食べものと風土の関係は、吉田健一がつねに大切にしていたものだが、それが一般常識と違うものであったことは、この一文を読むだけでもわかる。

しかし、吉田健一の本の楽しさは、評論でも随筆でも、なんといってもその特異な文章を読むこと、文体を通じて著者の思考のおもしろさをたどることにある。だから、『私の食物誌』も、今も食味探索の書として使えぬわけではないが、食をテーマとした近代文学の古典として、読み継ぎたい本なのである。

本人は「こういうものを書いていれば誰からも尊敬されたりする心配はない」から、酒や食べもののことを書くようになった、といっている。だが、吉田健一に味覚随筆の傑作を残させたものは、おそらく彼の限りない酒への愛であった。飲む歓びが、食べものについてかくも語らせたのである。

高橋義孝――生きているのが嫌い

生きているのは面倒だが、さりとて死ねもしない。やっかい極まる自分という人間を、酒で慰めた、この人の食。

たかはし・よしたか（一九一三～九五）東京生まれ。ドイツ文学者。大学で教鞭をとるかたわら、ゲーテ、トーマス・マンなどの作品を数多く翻訳。また、軽妙洒脱な随筆でも名高い。能楽に造詣が深く、一九八一年から横綱審議会委員長をつとめた。『森鷗外』、『近代芸術観の成立』などの著書がある。

文章の面構え

田舎の高校生だったころ、学校の図書室で高橋義孝の『狸の念仏』という随筆集を見つけて読み、これがおもしろくておもしろくて仕方がなかった。図書室には、ほかにも彼の随筆集が二、三冊あって、それも夢中で読んだ覚えがある。

しかし、その後ほぼ四十数年間、なぜか高橋の本を読むきっかけもなく過ぎた。ときには、ふと『狸の念仏』のことを思い出して、古本屋などで探してみることもあったが、いまだにあの本には再会できないでいる。

それにしても、なにがあんなにおもしろかったのか。今度、何冊か読んでみて、四十数年後の今は今で、やっぱり高橋の随筆は読めるが、少年の身でなにがおもしろかったのかは、結局わからなかった。こんな大人の話を十八歳かそこらで喜んでいたのが、もしかすると人生を誤るモトになったのではないか、などという反省もしてみたが、そんな反省は、いずれにせよもはや手遅れである。

電車のなかで、『蝶ネクタイとオムレツ』を読んでいると、笑いがこみあげてきて弱った。

「何かを口の中に入れて、それを食べながら、そのあまりのうまさの故にか貧乏ゆすりをする人がいる」

ときにこんなおかしみがあるかと思えば、全編、ニヤリとさせるところもなく、しかも飽きずに読ませるものも書いているのが、高橋である。

一流の学者必ずしも一流の随筆家ではない。高い教養、見識もさることながら、今回、改めて読んでみて、軽い話も重い話も等しく読ませる高橋随筆の魅力は、なによりもこの人の文章術にある、ということに思い至った。

「私が文章の師と仰いできたのは森鷗外と芥川龍之介である」という高橋だが、内田百閒に心酔して交際していたことも、本人がしばしば告白しているところ。つまり、高橋は、こういう文章の鬼どもの志を手本にしていたということだ。だから彼にも、腕に覚えはあったのだが、それ以上に、彼の文章には、つまらない文章だけは書かないぞ、という、いわば文章の面構えのようなものが見える。

十八歳ころの私が熱中したのも、おそらく、内容はよくわからなくても、そういう高橋の文体が与えてくれる、調子の高い快感だった。

弁慶の泣きどころ

高橋の母親は、五十歳を過ぎた息子を人に紹介するとき、「たいへんなわがまま者でございまして」といっていたそうである。

だが、私などには、高橋という人はわがままどころか、他人への気遣いの極めてこまやかな都会人であった、というふうにしか思えなかった。むしろ、彼は得意の自己分析をして、自分の感じていることを正直にいったために、それが、ときどき、ひと癖ある放言と受け取られたのではないか。たとえば、世間から食通とみなされることについては、こんなふうに書いている。

「私は『食通』などという人間ではないし、また食べることとそのことがあまり好きではない。食べることは、生きて行く上での必然の悪だとさえ思っている。食べるたのしみは私は知らない。食べることをも含めて生きて行くということは実に面倒臭い。そうかと言って死ねもしない」(『飲み食いのこと』)

高橋は、数多くの食味随筆をものし、それらを一冊にまとめた『飲み食いのこと』という著書まで出している。食通と目されたゆえんだ。だが、たしかに彼は嬉々として美食を語ってはいない。食いものの話は、どちらかといえば、いやいやながらしているのだ、という風情で書いている。

いやいやながらするくらいなら、しなければいいではないか、と思う人もいようが、弁慶にも泣きどころあり。高橋は無類の酒飲みである。酒には無条件降伏だった。ちなみに、酒飲みの宿命は、酒の肴について語らずにはいられないということであろう。酒の肴を語れば、どうしても食べものにうるさい話になる。

梅干しの吸いもの

酒飲みには、飲みながらしきりにものを食べるタイプと、飲み出したらほとんどものを食べないタイプがあるそうである。高橋は、どちらかといえば、後者だった。

飲み出したら食べないが、飲み始めには、目の前の皿のものを少しはつつく。高橋にとって、このつつく程度でしかない肴が、相当に難しかったようである。

神田生まれという下町っ子にも似合わず、高橋はすしは好きだが、刺身が苦手だった。家が貧しく、ろくな生魚を食べさせてもらえなかったからだ、とは本人の言。漬けもの、チャンコをふくめた鍋もの、蒲焼、豆やいも、貝類など、彼はさまざまな食べものを話題にしているが、主たる関心は、食べものに日本の季節感がどれだけ感じられるか、ということであった。そして、たまにおいしいものにも出あうこともあったが、たいていは次のような嘆きで終わることになる。

「鰻の季は夏、山の芋は秋、河豚は冬、養殖、栽培が盛んになって、天然ものの旬《しゅん》と

いうことがなくなってしまった。餓鬼道にも民主主義が滲透し始めたからだ」（前掲書）

食事としての食べもので、高橋の好みをあげれば、焼いてしょうゆをつけ、海苔を巻いたもち、今はないが昔食べたラーメン、ライスカレー、カツレツ、シューマイ、おいしいという条件つきで鰻どん、山いも、すき焼き、グラタンなど。自身の得意料理であったのが、オムレツであった。

一方、高橋は、「酒飲み十戒」なるもののなかで、酒の肴を選り好みしてはいけない、出された肴はまずくとも黙って食べ、かつ「ひと箸つけてやめてはいけない。どんなにきらいなものでも、決死の覚悟で二度口に入れなければいけない」といっている。うまい肴にありつくことの難しさを語っていよう。

だが、酒飲みとしては、どうかしてよき酒の肴に巡りあいたいというのが悲願である。高橋も、ときにはよき肴との出あいがあったようだ。

「近年大変具合のいい『さかな』を考案した。紫蘇でくるんだ梅干の大きい目のを、大き目の湯呑み茶碗に入れ、熱湯を注ぎ、調味料をほんの少々入れる。暫くそっとしておいてから、箸で梅干を崩す。この吸いものを飲みながら、盃を口へ運ぶのである」
（同書）

愛酒家諸氏よ、一度お試しあれ。

四、笑いの源泉

やなせたかし――アンパンマンは、食べられる

知る人ぞ知るマルチタレントとして大活躍。だが、めざすは一流にして独自の漫画家だった。

やなせ・たかし（一九一九～二〇一三）　高知県生まれ。兵役から復員後、漫画を描きながら、テレビ、ラジオ、舞台などの構成、シナリオなどの仕事をする。一九七三年、最初のアンパンマン絵本を発行。八八年にアンパンマンのアニメ放送開始、大ヒットとなる。『やさしいライオン』、『アンパンマンの遺書』など多数の著書がある。

おっさんのアンパンマン

五十代も半ばを過ぎたおっさんになってから、テレビで「アンパンマン」を見るようになった。私はもともと、「スーパーマン」や「ウルトラマン」のように、「マン」のつく異

常な能力をもつヒーローがあまり好きでなかったから、「アンパンマン」にも関心がなかったのである。それがあるとき、たまたま「アンパンマン」を一話だけ見て、想像していたものとは違い、おもしろかった。

作者のやなせたかしは、昭和四十八（一九七三）年に出版された最初の絵本『あんぱんまん』の「あとがき」に、こう書いている。

「ほんとうの正義というものは、けっしてかっこうのいいものではないし、そして、そのためにかならず自分も深く傷つくものです。（略）あんぱんまんは、やけこげだらけのボロボロの、こげ茶色のマントを着て、ひっそりと、はずかしそうに登場します。自分を食べさせることによって、餓える人を救います」（『アンパンマンの遺書』）

正義を行えば、自らも傷つく。あんぱんまん（のちにアンパンマン）の原点はここにある。やなせ、ときに五十四歳。ただし、この最初の絵本は、不評だった。あんぱんまんが飢えている人に自分の顔を食べさせるところが、大人たちから、残酷だ、と相当な悪評を浴びたようである。やなせは、そこで、とりあえずこの話を一冊でやめた。

ところが、決して幼児向きとはいえない絵本『あんぱんまん』が、三歳から五歳くらいまでの幼児たちの間に支持を広げていった。書店では販売されない本だったから、幼稚園や図書館で読まれていたのである。その手応えを、いろいろなところで実感していた作者は、昭和五十二（一九七七）年に改めて『アンパンマン』の絵本を出版した。それがシリーズ化され、数年のうちに、『アンパンマン』は爆発的な人気を呼ぶことになったのである。昭和六十三（一九八八）年にはテレビアニメ化が実現した。

おっさんになってからアンパンマンを応援するようになった私は、平成十三（二〇〇一）年、当時月刊誌に連載していた記事に、アンパンマンの絵を載せたくなった。これは食をめぐる古今東西の名画を取り上げる記事だったが、日本の漫画を古今の名画に劣らないと考えている私は、モネやルノワールにまぎれさせ、ちゃっかり馬場のぼるの猫を登場させたりしていたのである。

やなせさんは、この小さな無名の記事のために時間を割き、四谷のアトリエでにこやかに取材に応じてくださった。そのうえ、やなせさんの著書『アンパンマンの遺書』の見返しに、飛行するアンパンマンの絵とサインをサッと描いてくださったのである。感激！

おでん事件その他

日本人なら誰もが知っているアンパンという お菓子を、やなせたかしは、日本で知らない者のいないヒーローにしてしまった。しかも、その後、しょくぱんまん、カレーパンマン、おむすびまんなど、アンパンマンをめぐるキャラクターを次々に生み出し、その数は二千を超えるともいわれている。そのなかで、作者自身がとくにアンパンマン人気のカギをにぎっていると考えていたのが、ばいきんまんの登場であった。

昭和五十一（一九七六）年、やなせは作曲家いずみたくの発案で、ミュージカル「怪傑アンパンマン」を上演した。脚本はやなせ自身、演出はキノ・トール。

「アンパンマンの初演のステージを見て、ぼくは『そうか、アレが欠けているんだ』と気づきました。悪役が普通の人間で、アンパンマンの相手役としてはパンチが不足していたのです。／さて、悪役をどうする？／アンパンは食品だから、食品の敵はバイキンということでばいきんまんを思いつきました」（『人生なんて夢だけど』）

絵本ではなく、客の反応の見える舞台だからこその、発見であった。アンパンマンの絵本でも、この宿敵ばいきんまんとの闘いが、最大の見せ場になったのである。

ところで、食べものはもちろん、バイキンまでキャラクターにしてしまうやなせには、さぞ食の話題が豊富だろう、と思うのは、外れである。やなせの著書に、およそ食の話だけは乏しい。子どものころに食べたアンパンの思い出など期待しても、無駄である。
そんなやなせに、食のからむ大事件がひとつだけある。戦地から故郷高知に帰ったやなせは、高知新聞社に就職した。そこの社員四人と、あるとき仕事で上京した。終戦直後の高知から東京までの移動は修羅場。やっと東京での仕事が終わり、闇市で仕入れた材料でおでんをつくり、慰労会をした。ところが、小松という女性社員を除いて、やなせも含めた男性社員は全員猛烈な食中毒にかかり、のたうちまわる。女性社員が食中毒にやられなかったのは、彼女が気を遣い、竹輪、卵、ツミレなどやや高級なものを男性社員に食べさせ、自分は大根しか食べなかったからだ。この小松暢《のぶ》さん、実はやなせの初恋の人で、のちにやなせ夫人となった女性である。彼女は献身的に看病し、やなせが最初に回復した。

「なぜぼくの回復が一番早かったのか？　これは原因不明です。ぼくは意地きたなく竹輪もツミレも、ガツガツ食べましたから。強いて言えば愛の力ということになるでしょうか、イヒヒヒ……」(同書)

小松アンパンマンが、ばいきんまんをやっつけてくれたのである。

ごめん土佐生姜

一九五〇年代から六〇年代にかけて、やなせはニッポンビール（現サッポロビール）のコマーシャルの仕事で、週刊誌に「ビールの王さま」というパントマイム漫画を連載していた。まさにビヤ樽の体型をした王さまが主役の、台詞の一切ない四コマ漫画で、そのおしゃれな作風は、まだ中学生くらいだった私にも記憶がある。そのころのやなせを訪ねた思い出を、週刊「漫画サンデー」元編集長の山本和夫が書いている。

「わたしは期待していた。『ビールの王さま』のところにはビールがたっぷりあるはずではないか。王さまのところになくてどこにあるのだ。（略）／待てど暮らせどでてこない。泡立つものがでてこない。仕事の話はとっくに終わっていた。まだ明るいからなあなんて思っていたが、王さまはぜんぜんそっちのほうに気がつく気配はないのだった。／そうしていった。／『ぼくはぜーんぜんアルコールというものが飲めないのにビールの漫画を描いているんだからねえ。面白いよねえ。不思議でしょ。オッホッホー』／面白くもなんともない」（『漫画家——この素晴らしき人たち』）

やなせは酒もたばこもやらなかったが、それを公言しなかった。甘党だとも宣言していないが、故郷のためにこういうこともしている。
平成十三、四年ころ、アンパンマンのテレビアニメの声優が集まるパーティーがあり、そこで熱唱したやなせは、声をからしてしまった。そのとき、アンパンマンの声を担当している俳優の戸田恵子からもらったのが、川越産大根生姜飴なるのど飴である。

「なるほど喉《のど》にいい！　そこでつくづく袋を見れば『高知県産生姜使用』と書いてある。このとき初めて高知県と千葉県が、日本の二大生姜産地であることを知りました。／さっそく高知から生姜を直送してもらいました。開けてびっくり玉手箱！　雄大かつ立派。形状からしてこれは効くぞ！　と確信。／すり下ろし味噌汁に入れて飲むと非常においしいんですね。身体はポカポカ温まるし、オシッコが勢いよく出る。すっかり惚《ほ》れ込んでしまいました。／久しぶりに帰ってみた故郷の南国市後免町は、商店街のシャッターはほとんどおろされていて元気がありません。なにか活気づけるアイデアはないか？　そうだ、せっかく『ごめん』というユニークの名前の駅があるのだから、『ごめんしょうが飴』をつくって、『ごめんなさい』と謝りたいときに贈ればいいのではないかと思いついたのですね」（『人生なんて夢だけど』）

このアイディアは見事実を結び、平成十五（二〇〇三）年には「ごめんのごめんしょうが飴」が誕生、翌年には「ごめんしょうがアイス」も売り出された。

「たかが飴です。しかし、なめたらいかんぜよ！」とは、やなせ流のお勧めのことばである。

手塚治虫——洋食派漫画家

漫画の天才、漫画の神さまとまでいわれた手塚治虫は忙しすぎた。食事も、猛スピードで走るためのガソリン補給を思わせる。

てづか・おさむ（一九二八〜八九）大阪府生まれ。本名・治。幼少時代は漫画と昆虫に熱中した。新しいストーリー漫画を大阪で発表して注目され、一九五〇年、東京に進出、超売れっ子漫画家として活躍。六三年には虫プロを設立し、「鉄腕アトム」など多くのアニメーションを発表した。代表作に、『火の鳥』、『アドルフに告ぐ』などがある。

見えにくい私生活

手塚治虫について書く人は、たいてい手塚漫画の熱烈なファンと決まっている。だからいいにくいのだが、私は子どものころ、手塚漫画をあまり読まなかった。理由は、あの無機質ともいえるシャープな線、登場人物のおもちゃのような子どもっぽさ、洋風のスタイルなどが、田舎者の私にはなじめなかったからではないかと思う。

しかし、私は大人になって、手塚治虫の仕事の偉大さを認識した。完璧なテクニック、新しさ、驚くべき博識もさることながら、なによりも私を圧倒したのは、自ら原作をしたうえに、ひとコマたりともおろそかにせず、緻密なうえにも緻密に描き込んで、膨大な作品を描き続けた手塚治虫という作家の誠実さ、とでもいうべきものである。いかに能力があっても、手と体を酷使し、徹夜徹夜で命をすり減らす仕事であったことはいうまでもないだろう。

つまり、私は手塚漫画に親しんで、ベレー帽の愉快な手塚おじさんを想像する時期もなく、いきなり大人の目で、信じがたい仕事を残した巨人に出あってしまったのである。

そういう手塚治虫の身辺からは、私生活の匂いはあまり伝わってこない。ひまつぶしをするような時間はほとんどなかっただろうし、なにかして遊んでいても、めしを食っていても、頭のなかではつねにそのとき手がけている漫画が進行していたとしか思えないのである。むしろ、彼の娯楽や息抜きは、漫画を描いたり、アニメーションを考えること自体のなかにしかなかったのではないか、とさえ思えるのだ。

今、見えにくい手塚治虫の私生活のなかでも、一段と奥まった食卓の周辺を覗いてみようとしているのだが、見通しはよくない。

空腹体験と大食

戦時中、中学生だった手塚治虫は、無理やり予科練を受験させられ、視力検査の不合格で逃れたものの、その代わりに強制修練所なるものに入れられてしまった。そこでのすさまじい空腹体験を、自伝『ぼくはマンガ家』のなかで語っている。

「修練所のシゴキは凄《すご》かった。畑仕事や教練はまあ我慢できるとしても、我慢ならないのはほとんど絶食に近いくらいの食事の減量だった。目はおちくぼみ、腕は鳥の肢《あし》のようになり、ものをいう元気もなくなってきた」

耐えきれなくなった手塚は、ある夜、鉄条網で囲われた修練所を脱走し、家に帰る。

「ふらりと玄関をはいると、出てきた母は、腰を抜かさんばかりに驚いた。幽霊だと思ったそうである」(同書)

家中にある食べものという食べものをかき集めて食べ、ホッとするとともに不安になり、また修練所に戻り、こっそりもぐり込んだ。

後年、手塚治虫は、周囲から「大食」とみられていたようだが、戦中戦後の体験を通じて、食べものを腹一杯食べられることのありがたさをつくづく知っていた世代ではある。食べ盛りの少年期に戦争にぶつかり、さんざ腹をすかせただけに、好き嫌いをいわずになんでもモリモリ食べ、国の復興の波のなかで猛烈な仕事人間になっていった、というのが昭和ひとケタ世代の平均的な大人であった。手塚治虫の仕事ぶりをみると、まさにその世代の一人だったと思うが、食べっぷりもやはり昭和ひとケタ式だったのだろう。

手塚門下の鈴木光明は、

「手塚先生は大変な大食漢で、とにかく、しょっちゅう、何かを食べていました。それも、ボリュームのある脂っこい料理を、もの凄い量、食べるんです。／（略）手塚先生がお蕎麦を食べているところなど、まず見たことがありません。お好みのメニューはカツ丼、天丼、チャーハンと言ったところ」（『マンガの神様！』）

と書き、昼にカツ丼、夕方外へ出て洋食のフルコース、帰ってきて編集者たちとのつきあいでさらに店屋ものを食べ、その間にもバナナやカステラを食べるという、仕事場での手塚の健啖家ぶりを紹介している。
この食欲が、手塚治虫のあの驚くべき仕事ぶりを支えていたのである。

治虫のいるレストラン

手塚治虫が、洋食ないしは洋食系の食べものを好んだことは、今の鈴木光明の話からも、確かなようだ。
漫画家デビュー当時、手塚の世話になった藤子不二雄（藤本弘、安孫子素雄）は、『トキワ荘青春日記』のなかで、池袋駅前にあった「ホワイトベアー」というレストランのことを、「ここへはじめて行ったのは手塚先生にごちそうになったときです。以来、ずっとこの店を、東京一デラックスなレストランだと思いこんでいました」と語っている。手塚自身の回想にも、次のような一節があった。

「池袋東口にホワイトベアーというこじんまりしたキッチンがあって、そこでぼくは来月号の執筆順を編集者と一緒に決めながらめしを食べた。その店の名物はバナナ入りカレーライスという珍品だった。ふつうのカレーを甘くしてスライスしたバナナを混ぜてあるという代物で、まともなカレーを食べ慣れている人間ならみんな敬遠する」(『トキワ荘青春物語』)

手塚治虫に、レストランで珍しい料理をごちそうになったという話は多い。家庭人としても、毎年クリスマスには、手塚は必ず自分でレストランを探して予約を入れ、家族で食事をする習慣だったことは、長女の手塚るみ子さんが『オサムシに伝えて』のなかに書いている。それはすべて西洋料理のレストランだったようで、最後のクリスマスは、芝公園の「クレッセント」だったという。

だからといって、手塚治虫がすしや会席料理や家庭の惣菜が嫌いだったとは思えないのだ。彼は幼少期を宝塚で過ごしたから、早く洋食に親しんだのかもしれない。だが、それよりも、忙しさと即効的なエネルギーの必要が、手塚を洋食に偏らせたのではないだろうか。酒を飲みながら、肴に凝ったり、ゆっくりとすしをつまむ時間が彼にはなかった。脂っこい洋食を手早く食べて、それを燃焼させながら仕事をしたのである。スピードを出すために、ハイオクのガソリンを詰め込んだ。

手塚治虫は酒を飲まないといわれていた。しかし、尊敬する親友であった馬場のぼると過ごすときは、よく酒を飲んだという。彼が病に倒れ、いよいよものを食べなくなったころ、るみ子さんが、なにか食べたいものはないか、と尋ねたとき、「お焼き」と答えている。手塚の食の、もうひとつの面を垣間見るようなひと言だった。

極端にいえば、仕事のために、食の趣味的な世界を捨てて、エネルギー源を求めることに徹した。手塚治虫はそれに近い人だったような気がする。

横山隆一——焼きいもと柿の実

貧しくても豊かだった時代が、ついこの間まであった。
横山隆一は、そのころの庶民の笑いを上質な漫画に描き残している。

よこやま・りゅういち（一九〇九～二〇〇一）　高知市生まれ。旧制高知城東中学卒業。一九三二年、近藤日出造、杉浦幸雄らと新漫画派集団を結成。四二年、報道班として出征し、ジャワ島沖で乗船が撃沈されて漂流、九死に一生を得る。「フクちゃん」を三六年から朝日新聞、次いで毎日新聞に連載し、七一年まで長期連載を続ける。

隆一ワンダーランド

ある雑誌の仕事で、横山隆一さんを鎌倉のご自宅に訪ね、インタビューをしたことがあった。亡くなる三年前、横山さん八十九歳のときである。

私は子どものころ、新聞で毎朝「フクちゃん」を読んでいて、こんなにおもしろい漫画が毎日描ける横山隆一という人は、今の時代でいちばんすごい人だと思っていた。それで、私自身、一時はすっかり漫画家になる気でいたくらいである。

インタビューは真夏だったが、風のいい日で、すでに外に立って待っていてくださった横山さんは、「気持ちがいいから、ここにしようや」といって、ビーチパラソルを日除けに立てた戸外のテーブルに陣取った。両襟に「横山家」と屋号を染め抜いた半天をはおる横山さんは、なにやら横山一家の親分を決めていたものらしい。型通りのあいさつなどはどうでもいいという様子で、次から次へと話題が広がった。ものの五分もたつと、こちらも十年の知己と向き合っているような錯覚に陥っていたようである。

外から見た横山家は、塀に囲まれた広壮なお屋敷だが、なかに入ってみると、建物よりも、その周りの庭とも空地ともつかないスペースのほうが断然広い。どうやらそれが横山さんのお気に入りの景色でもあるらしかった。

とてもお年とは思えない記憶力、反応の早さ、話術にも驚いたが、思いたつとすぐに立ち上がり、資料を取りに行ったり、そのものがある場所に案内してくださる行動力にも舌を巻いた。質量ともに驚くばかりのブリキおもちゃコレクション、一棟のサンルームをまるごと使って敷かれたレールの上を走るミニ電車、自宅の一角につくった赤ちょうちんの店、バーなどを、飛ぶように歩いてまわり、見せてくださる。

だから、三年後の訃報には、信じられないような思いだった。

なにが食の豊かさか

『漫画フクちゃん全集』を読んでみた。四コマ漫画とはいえ、五千編となるとさすがに読みでがある。舞台は昭和三十年代から四十年代。このおだやかであたたかい人間関係をふまえた、明るく、上質なユーモアにあふれた漫画を喜んでいたのだから、思えば私の世代の幼少期などは健全なものであった。テレビ、人工衛星といった当時目新しかったもの、「みゆき族」、「カーつき、ばばぬき」などという流行語、東京オリンピック、三億円事件、ダッコちゃんとなんでも出てくる。

しかし、世相の表面に出てくる事件や流行は、深い川の流れに浮かぶゴミのようなものでしかない。「フクちゃん」を読み返してつくづく懐かしく、変化の激しさを感じさせられたのは、庶民の暮らしぶりそのものである。

「フクちゃん」の世界で、街の子どもたちがねらう食べものは、柿の実、焚き火に突っ込んだ焼きいもなど。柿の木のある家は盗まれまいとし、子どもたちはそれでも盗もうとして虚々実々のかけひきがあり、焼きいもの大きさは喧嘩のタネになっていた。家で出るおやつも、りんご、みかん、団子といったところがせいぜいである。

ふだんの食事でも、「フクちゃん」では、ぜいたくなものはほとんど食卓にのぼらない。魚が乗った皿が最も多く、たまにおじいさん（フクちゃんの祖父でフクちゃんに劣らず活躍する人物）が流行のバーベキューなどに挑戦して失敗するくらいなものである。初夏のころに限っては、筍もよく出てきた。あるときおじいさんが煮た筍を、居候のアラクマさんがすっかり食べてしまったあと、おじいさんがこんなことをいう。「ものほしざおを買ったら、あまりやわらかそうで煮てみたんだ」。まさか！

まつたけは、今でも超高級食品の代表だが、これを一度はまともに食べてみたいというのが、おじいさんの見果てぬ夢であった。おじいさんは、ごくごく小さなまつたけを買ってきて、レンズ式のガラス容器をかぶせ、大きく見せて喜んだりしている。

「フクちゃん」の時代が年代的に庶民の食生活が貧しかったのは事実だが、五千編の漫画を通して、食が乏しくて気の毒だなどという感想は少しも生まれない。私には、むしろ今よりもずっと豊かなものが感じられる。この時代の子どもたちが焼きいもや柿の実を欲しがったように、現在の子どもたちみんなが食べたがる食べものがはたしてあるのだろうか。庶民の家庭では、ふつうに食べられるもの、食べたいと思うもの、めったに食べられないぜいたく品が、はっきりしていた。食の追求にも、理想があったのである。

辛ジャケの修業

面と向かっていると、私は横山さんがフクちゃんのおじいさんにそっくりなのに驚いた。やんちゃなフクちゃんのモデルが横山さんの子どものころなら、おじいさんは「フクちゃん」執筆当時の横山さん自身である。

横山さんは、かなり坊っちゃん風に甘やかされて育った気配がある。その後も苦労らしい苦労はしたことがない、とはご本人の言だが、苦労をしない人間などいるわけがない。彫刻家の本山白雲の弟子だったころ、横山さんは、八十歳になるきびしいので有名な白雲の母親と暮らすことになった。食事はシャケの切り身とたくあん一片という一汁一菜の毎日である。

「辛いからシャケをむしってお茶漬けにしようとしたらしかられます。でっち小僧のような食べ方をしてはいけないと、たしなめられました。私を武士としてあつかってくれるのです。どうにも辛いのでシャケを残すと、残したままのすがたで、そのシャケがお昼に現われます。また少し食べて残すと夜もまたそのシャケです。シャケがだんだん小さくなるのがうれしくなって来ました。次の朝とうとう骨だけになりました。

お昼が楽しみになりました。もうシャケ以外なら何だって食べたいとお膳《ぜん》の前にすわるとまたシャケですから、これはもう夜まで残してはいかんと思い無理をして食べました。／あとでのどがかわいて、その日は水ばかり飲んでいましたが、夜になってはじめて野菜の煮物が出ました。うれしかったし、世の中にこんなうまい里イモがあるだろうかと思いました。私は、子供のころから好ききらいが多かったのですが、ここにいたおかげで、何でも食べるようになりました」（『わが遊戯的人生』）

土佐出身の横山隆一は酒も強かったが、飲むときは徹底的に飲んだらしく、自伝にもときどき人事不省になった話が出てくる。だが、どんな体験も彼にかかると愉快な思い出で、戦争で死にかけたことさえ、いたずらの失敗程度の話になってしまう。

人生を遊びと心得、マイナスもみんな笑いのタネにして吹き飛ばしてしまった横山隆一という漫画家は、自分の幸福を自分でつくりあげた、やっぱりすごい人であった。

田河水泡——のらくろ、長寿の秘訣

「のらくろ」も長寿漫画なら、作者の水泡も九十歳の長寿。この悠々たる人生の秘訣を聞いてみたいではないか。

たがわ・すいほう（一八九九～一九八九）東京生まれ。本名・高見澤仲太郎。日本美術学校図案科に入学して画家をめざしたが、漫画に転じ、一九三一年にスタートした「のらくろ二等卒」（「少年倶楽部」）の連載で、超人気漫画家となる。戦時中、執筆禁止を命じられるが、戦後に復活した。

あれは、俺のことだよ

「のらくろ」ファンは、「のらくろ」は戦前で終わってしまい、作者ももういないと思っていたらしく、戦後も昭和五十（一九七五）年ころになると、「えっ、田河水泡って、まだ生きてたの！」と驚いたようである。どっこい、田河水泡は平成元（一九八九）年まで健在だった。

「のらくろ」は、五十年にわたって描き続けられた。神ワザである。どうしてそんなに長い間、おもしろい漫画を描き続けられたのだろうと思うのは、私だけではあるまい。

水泡の義兄（潤子夫人の実兄）は、今でも人気の高い文芸評論家の小林秀雄だったが、『のらくろ一代記』（田河水泡・高見澤潤子共著）によれば、あるとき、水泡は小林にこう語ったという。「のらくろというのは、実は、兄貴、ありゃ、みんな俺の事を書いたものだ」

小林はこのことばを聞いて、水泡の「家庭にめぐまれぬ、苦労の多い、孤独な少年期」、「言ってみれば、小犬のように捨てられて、拾われて育った」生い立ちを思い、「一種の感動を受けて、目が覚める想い」をする。だが、私は小林とは少し別なふうに考えて、なるほどと思った。

「のらくろ軍曹」のなかに、のらくろがブル連隊長から炊事長を命じられる一編がある。いろいろあって、ともかく、のらくろが考えた「にわとりの煮つけ」なる料理はなかなか上出来だった。ところが、「こりゃうまい」とばかり、部下と一緒に味見をしているうちに、全部食べてしまう。

それだけの話だが、水泡が「俺の事」というのは、この場合に当てはめれば、料理をつくるところまではうまくいっても、自分なら最後にこんな失敗をやらかしかねない、ということではないか。つまり、のらくろのお手柄も失敗もいたずらも、みんな水泡その人らしさの表れ、という意味で、水泡は「のらくろというのは、みんな俺の事」といったのではないか、と私は思ったのである。

朝めしと負けおしみ

「のらくろ」が五十年もの間描き続けられた秘密は、のらくろというキャラクターが作者自身をモデルにしていたところにあった、ということである。しかし、これは、考えてみれば秘密でもなんでもなく、たとえば「サザエさん」のモデルは、ある意味で長谷川町子自身に違いないのだ。私は水泡の「俺の事」で、改めてそんな当たり前のことに気づかされたのであった。

いうまでもないが、作者をモデルにするといっても、漫画家自身の日常をそのまま描写したところで、漫画にはならない。あくまで、作者が頭のなかで起こした事件に、想像上の作者自身を登場させてものをいわせたり、行動させるという、創作の世界での話である。ただ、そういうフィクションを通してではあるが、モデルである作者の性格や生き方が、漫画のなかに生きているということも事実だ。

潤子夫人の『のらくろひとりぼっち』という本によると、水泡は緑茶が好きで、朝起きるとすぐ、「がぶがぶ」飲んだという。それから新聞を読みながら、トースト一枚、チーズ、ハムエッグ、野菜、コーヒーかミルクという朝食をとるのだが、卵や野菜をいつも残す。夫人が勧めると、「もういっぱいだよ。食べられないよ」とうるさそうに断る。ところが、夫人があきらめて洗いものに立ち、夫の皿やカップを片づけようとして戻ってみると、いつの間に食べたのか、皿の野菜や卵がきれいになくなっているのだ。

「あまのじゃくなのだろうが、一応さからったあとで、やはりいわれた通りにやるというのは、何となくユーモアがあって、私は苦笑するだけである」

と夫人は書いているが、なんによらず、水泡は負けおしみが強く、人にいわれたからといって素直に従ったり、目の前で自分の非を認めるということがいやだったようだ。「のらくろ少尉」の一編に、飯盒《はんごう》でのめしの炊き方を教えるために、のらくろが部下を野外に連れ出すという話があった。その途中、のらくろは自分がよそ見をしていて川に落ちたにもかかわらず、「これも演習だ」などといって、部下にそのまま川を渡らせる。「少尉殿はまったく負けおしみがつよいね」、「自分が失敗したと思われたくないのさ」とは、川のなかを歩きながらの部下たちのささやき。オチは、さんざ飯盒の炊き方を教えたのらくろ少尉のめしを、誰も炊いてなくて、のらくろだけが食いはぐれるというものである。

憩いはガーデニング

水泡は壮年までは登山やスキーなどもしたが、最も長く、晩年まで続いた趣味は園芸であった。ことに仕事に疲れたり、アイディアに行き詰まったりしたときなど、庭で黙々と植物の世話をしていたという。

潤子夫人が、自分も花が好きだというと、水泡に、あなたは花が「好きかもしれないが、愛してはいない」といわれた。

「花が咲けば、ああ可愛い、とかなんとかいって、切りとり、応接間や書斎の花瓶にさすのは私や家族である。胡瓜やトマトができれば、新鮮で栄養たっぷりだと、喜んで台所へもって行くのは私や家族である。それまではてんで見向きもしない。私や家族は、こやしや水をやったり、虫をとったりなど、面倒な世話は一切したことはない。それまでの世話は、T（水泡のこと）ひとりでやっている。そういう私たちのことを、好きだけれど、愛してはいないというのだろう。／（略）本当に愛するということは、そのための、苦しみや困難を、いとわないことである」（前掲書）

と夫人は考える。

そこでまた「のらくろ」をめくってみると、「のらくろ探検隊」のなかに、炊事当番の話があった。のらくろ探検隊の炊事当番は、一日中穴のなかで金鉱掘りをする隊員のために日夜心をこめて食事の用意をしていたが、ある隊員が炊事当番の仕事をうらやみ、ことあるごとに、「一日じゅうじゃがいもの皮むきなららくでいいな」などと嫌味をいう。そこで、炊事当番の苦労を知っているのらくろは、その不平隊員に、代わりに炊事当番を命じる。すると、不平隊員は炊事当番の仕事の多さにたちまち音をあげてしまった。のらくろいわく、「それ見たまえ、自分の仕事に不平をいう者はなにをやってもだめだよ」。

田河水泡は仕事のうえで、どんなに苦しくとも、不平や愚痴めいたことは一言もいわなかったと、潤子夫人が書いている。

さて、漫画「のらくろ」が長寿だったのは、作者がモデルになっていたからだ、ということにはなったが、田河水泡自身の長寿の秘訣とは、なんだったのだろうか。私は、心身のストレスを消し、彼に喜びをもたらしたに違いないガーデニングに注目すべきだと思うのだが、どんなものだろうか。

五、旅と日常

松本清張――黒の食事

犯罪者たちの「黒の食事」と、庶民派刑事たちの食事。
松本清張の小説のなかで、その二つが鮮やかな対照を見せる。

まつもと・せいちょう（一九〇九～九二）　福岡県生まれ。十代から電気会社の給仕、石版印刷の見習いなどを経て、朝日新聞に就職。応召し、朝鮮で終戦を迎える。一九五三年、「或る「小倉日記」伝」で芥川賞受賞。五八年、『点と線』がベストセラーとなる。『日本の黒い霧』、『砂の器』などを次々に発表し、社会派推理小説の分野を拓いた。

犯罪者たちの「食」

松本清張は、味覚についてとくに興味をもって語る人には見えない。しかし、小説のなかでは、しばしば食事に重要な意味をもたせている。

たとえば『点と線』は、安田という男が行きつけの料亭の仲居を二人、銀座へ食事に誘うところから始まる。これが安田の巧妙なアリバイづくりなのだ。若い女性に、いかにも自然に自分と行動をともにさせるには、食事でなければならなかったし、ごちそうになったという女性の側の負い目を、安田は計算しつくして利用するのである。

その後、間もなくして、北九州の寂しい海岸で、若い官僚と料亭の仲居が心中する。二人は東京駅から同じ列車に乗ったが、死んだ男のポケットからは、食堂車で一人で食事をした領収書が出てきた。この些細な事実に着目した刑事の直感が、やがて偽装心中事件を解決する緒になっていく。ここでは、列車内での食事をめぐる心理が重要なカギになっている。

『ゼロの焦点』のなかには、おもしろい布石があった。失踪した夫を探す妻と、夫の同僚本多が、夫の知人で社長夫人の室田佐知子を訪ねると、佐知子からウイスキーをふるまわれる。妻は飲まないが、酒好きの本多は、つい手を出す。小説のなかでは、なんの気なしに読み過ごしてしまう場面だ。ところが、のちに二人の人間が、青酸カリ入りのウイスキーで次々に殺される。

カンの鈍い私も、一人目の殺人ではわからなかったが、二人目が殺されたとき、さすがに佐知子が犯人であることに気づいた。殺された二人目が本多だったからである。つまり、本多のウイスキー好きは、訪問の際、佐知子によって試されていた。
それだけではない。殺人は金沢の名流夫人である佐知子が、アメリカ兵相手の売春をしていた過去を暴かれるのを恐れた犯行だが、考えてみれば、昼間から訪問者をウイスキーでもてなす習慣は、日本にはないものである。作者はおそらく、そういうアメリカ式の接待を佐知子にさせることで、彼女の隠された過去をも暗示していたのだ。

やすらぎの食

アリバイや殺人に使われる飲食は、松本清張流にいえば、人間の欲望にからむ「黒の食事」といえよう。だが、清張の小説を読んで私の心に残ったのは、むしろ黒くない食事のほうである。『砂の器』で執拗に事件を追いかける刑事の今西は、ごく地味な中年男だ。

「今西は知らぬ顔をしてご飯に味噌汁《みそしる》をかけ、ざぶざぶとかきこんだ。／田舎に生まれた彼は、いまだにその風習がとれない。下品だと妻は非難するが、汁かけ飯が一番おいしいのである」

ぜいたくな「黒の食事」に対して、今西の身についた食習慣は、戦前からの庶民の、貧しい階層のものだ。彼は、後輩の若い刑事吉村と出張した旅先で、駅弁を食べながら、こんな話をする。

「『この汽車弁を食べるたびに思うんだよ。子供のとき、こいつが最大のあこがれでね、なかなか、母親が買ってくれなかったもんだ。当時、いくらだったかな？　そうだ、三十銭ぐらいだったと思うよ』」

これを聞いた吉村は、心のなかで、今西の育ちを想像し、旅先の駅で見かけた若い芸術家グループと比べている。

「さっき駅で見かけた若い人たちは、ずいぶん恵まれた環境だった。いずれも良家の子弟なのである。そのいずれもが揃《そろ》って大学教育を受け、不自由のない生活を過ごしてきている。吉村は今西の顔を見て、この老練で、地道な先輩刑事と彼らの若いグループとを、比較せずにはおられなかった」

ところが、実はその若い芸術家グループのなかに殺人犯がいたのである。犯人は良家の子弟になりすましているが、浮浪者同然の時代の、父親の病気と自分の暗い出自を隠すために、過去を知る人物を惨殺していた。

清張の推理小説は、「黒の食事」にありつこうと、無理を重ねて犯罪に走る者らと、分相応の食事に満足している人々との対照を、鮮やかに照らし出したものといえよう。

今西の食事の場面などを読んでいると、実に心がやすらぐ。そこに、働いて腹をすかせ、日常の食事をささやかに楽しむ庶民の姿があるからだ。

ある離脱の願望

清張自身、幼いころから人生の辛酸をなめた人である。父親は明治風の気宇をもった人だったが、志と異なって、家族を泣かせていた。

「父に家を出られたあと、母と私とは隣の蒲鉾屋《かまぼこや》に一時厄介になった。そこでは母は女中代りのようなことをして働いていたが、私はその家の息子たちから白い眼をむけられた。その一家は自分たちで食い散らした魚の骨をもう一度ゴッタに煮て吸物にし、母と私にのませた。母はかげで涙を流した」（『半生の記』）

清張の自伝『半生の記』は、生活苦にさいなまれた記録といっていい。両親はもち菓子や魚などの行商をしていたが、食べるにこと欠く暮らし。まだ子どもの年から、給仕や印刷職人の見習いをなどをして、働きづめに働いた点、清張は吉川英治とよく似ている。印刷屋の徒弟時代、主人が好きな麻雀に深夜までつき合わされたが、主人のおごりで焼そばが食べられた。

「そのときに近所の仕出し屋からとるお仕着せの焼そばの一皿が、世にこんなうまいものはないと思われるくらいにおいしかった。汚ない仕事着のままであぐらをかいてすする中華そばの味は、なんともいいようがなかった」（同書）

こうした清張の「食」の原点が、彼の小説で活躍する中年の、あるいは初老の刑事の、食の風景に反映している。

しかし、貧しい暮らしのなかでも、一人息子であった清張は、両親の息苦しいばかりの愛情のなかで育てられたという。彼は自由に憧れ、「脱出の空想」さえ抱いていた。

「物心がついてからの私には自由はなかった。だから、二年間の軍隊生活は家族から離れているということで一種の自由感があった。いやでならなかった軍隊生活だが、その自由さだけは一種の生き甲斐といったものを私に与えた」（同書）

清張のこの自由への願望は、現実離脱への衝動、旅への欲求となって、作品のなかにも生き、晩年までさかんだった、その多彩な行動にも表れている。

昭和四十三（一九六八）年の『清張日記』に、ラオスのビエンチャンで、アヘンを試みたことが書かれていた。アヘンを三服ほど吸ったあとアヘン窟を出て、松本清張はドキリとするようなことを考える。

「失踪《しっそう》してからこういう場所にかくれ、生涯を果てるのも悪くはない、と暗い露地を出ながらふと思った」

低い目線で、現実から解き放たれようともがく人間たちを、ある種の共感さえもって見つめていたのが、松本清張という作家であった。

有吉佐和子——女を自由にするもの

古い米に虫が湧かないのがおかしいと思ったら、田んぼまで出かけて調べるのが、有吉佐和子という作家だった。

ありよし・さわこ（一九三一～八四）和歌山県生まれ。父の転勤のために、幼時から海外、国内で転校をくり返す。一九五六年、『地唄』が芥川賞候補となり、創作活動を開始、『紀ノ川』で作家としての地歩を固める。その後、『華岡青洲の妻』、『出雲の阿国』、『恍惚の人』、『複合汚染』など、社会問題に鋭く切り込む作品を次々に発表した。

急いでいた人

有吉佐和子の『複合汚染その後』という対談集を図書館で見つけ、なんの気なしに真ん中あたりのページを開いたら、いきなり次の一行が目に飛び込んできて、ハッとした。

「私は六十にならずに死ぬわ。急がなきゃ。(笑)」

平均寿命の話の途中の軽口で、べつになんでもない。だが、五十三歳で急死した人の、四十六歳のときのことばである。

たしかに、有吉佐和子は急いでいたのではないかと思う。私はこの作家の生前、彼女の本を二冊しか読まなかった。初期の代表作『紀ノ川』と、はからずも晩年の紀行となった『有吉佐和子の中国レポート』である。

『有吉佐和子の中国レポート』は、農村地帯の人民公社をいくつか訪ねた紀行が主体になっている。明らかに『複合汚染』以来の、彼女の農業の現場への関心から生まれた仕事のひとつだ。私はこの本の、肝心の人民公社訪問記は全部忘れてしまったが、紀行本体からすればマクラ程度の、北京での小事件にふれた一か所だけを、鮮やかに記憶している。

有吉は北京に着くなり、健康維持のために、北京の繁華街をジョギングするといい出して、中国側の関係者を困らせる。長い押し問答の末に、場所こそ繁華街を避けたものの、結局、彼女は中国側の伴走者つきでジョギングを敢行した。一見、中国のお役人のことなかれ主義を笑い飛ばした、痛快な女性の行動ともみえる。だが、この一件をめぐる彼女の、先方の迷惑をも顧みない我の通し方とジョギングへの信仰に、正直、私は違和感を覚えた。

そのとき私は、有吉佐和子という作家が、自信と使命感にあふれていた時期とはいえ、なにか強引で、先を急ぎすぎる危うさを抱えているのではないかと、漠然と感じたのである。

不気味な食欲

『紀ノ川』のなかに、東京で暮らす文緒と、紀州から上京した母親の花が向き合っていて、こんなくだりがある。


「故郷を懐かしむ趣味をあまり持たなかった文緒は、悪阻《つわり》が過ぎてから俄《にわ》かに故郷の味覚を懐かしみ出して、朝は白味噌の汁、漬物は和歌山大根のたくあんを紀州風に縦切りにしたのを音を立てて噛んだ。バリコがちょうどシュンで、開いて生干しにしたのをどっさり花は土産に持ってきたが、日に三度とも、二匹ずつ焼いて尾も残さず食べてしまう。

『お母さん、加太《かだ》の黒鯛《ちぬ》が食べたいわあ。刺身《おつくり》にしてもよし、お味噌汁に摺《す》りこんでも美味《おい》しし。私はつくづく東京のお魚の不味《まず》いのが嫌になってきた』」(『紀ノ川』)

文緒のモデルは、有吉佐和子の母秋津だといわれているが、有吉自身にとっても、こうした紀州の魚や野菜は、ふるさとの味であっただろう。だが、幼時から父親の仕事でインドネシアなどで暮らした彼女は、さまざまな食に順応しなければならなかったに違いない。「私は贅沢は大好きだけど、なければ無いで、平気なの」とは、北京で会食した小沢征爾に語ったことばである。

有吉佐和子は小説のなかで、食を過不足なく扱っている。過不足なくとは、味覚趣味などとは関係なく、食が人間の生活に占める重さ通りに、ということだ。たとえば、『恍惚の人』では、日常の食事を描いているだけなのに、人間の食べる本能がいかにすごいものであるかを、不意に覗かせる。

この小説は、認知症の老人を抱える家庭を、一人の主婦の目でとらえたものだ。仕事をもつ昭子は土曜日ごとに一週間分の食品の買い出しをし、レトルト食品を重宝したり、煮物などは大量につくって冷凍するなど、夫と一人息子の食事に苦心している。舅夫妻とは、同じ敷地内の別棟に住んでいた。

姑が急死したとき、すでに認知症が始まっていた舅は、離れに妻の死体を置いたまま、「婆さんが起きてくれないもんだから、私は腹がすいてかなわんのです」といって昭子のところにやってきた。おかしいと思って駆けつけた離れで姑の死を知り、あわただしさのなかで家に戻った昭子は、舅がその間に、一週間分の山のような煮物を、鍋を抱えるようにして食べてしまっているのを見て、愕然とする。

日々の食事に心を労しながらも、食べるためだけに生きているとはつゆ思っていない昭子の前に、病気のためとはいえ、他の欲望は消えうせて、暗い穴のように底なしの、不気味な食欲をもった人間が現れたのである。

見届ける畑と海

有吉佐和子の小説は、そのほとんどが、女の世界を描いたものである。主な登場人物は常に女で、彼女らはそれぞれの場所で自由に生きているが、その自由は男からもらったものではない。彼女らは、女自身の手でつくりあげてきた文化、あるいは仕事の担い手であることによって自由なのだ。女の文化には芸能のようなものもあれば、家庭のなかに生きている生活の文化もある。『華岡青洲の妻』が女の小説になったのも、男を養い育てるのは女の仕事であるという、作者の考え方に裏打ちされているからであった。

『複合汚染』を書いたころから、有吉は、現代人にとって最もさし迫った危険は、日々口から入ってくる食べものにある、という考えから離れられなくなる。もともとは、台所で、小さなトゲのように気になる疑問から始まった。

毎日食べている米に、いつまでたっても虫が湧かないのはおかしいとなれば、その米ができた田んぼにまで出かけていって調べずにはいられないのが、有吉佐和子である。穀物も野菜も魚も、安心して食べられなくなった以上、もはや女の仕事も、スーパーで食品を選び、台所で調理するだけでこと足れりとしているわけにはゆかなくなった。『複合汚染』という作品が、全国各地の農業現場の、農薬と化学肥料の実態を訪ねたルポルタージュで、決して気楽に楽しめる内容のものではなかったにもかかわらず、ベストセラーとなったのは、台所に立つ女の迫力が全編を貫いていたからであろう。

女の役割を果たすことによって女は自由になれる、と考えていた彼女は、女が築き守ってきた「食」の文化の、根幹を揺るがす汚染を見過ごすことはできなかった。中国の農村まで出かけていって『有吉佐和子の中国レポート』を書き、死の三年前に出版した『日本の島々、昔と今』で、各地の離島の魚と農産物の話を、飽かずに聞いて歩いたのもそのためであった。

有吉佐和子は、流行作家でありながら、小説らしい小説を書くだけで安閑としてはいられず、良心と使命感に衝き動かされるままに社会問題に踏み込んだ人である。

神吉拓郎——淡い夢の味

ワッと野次馬が駆け出したら、走る野次馬とは反対の方向へ、のんびり歩いていくのが、神吉拓郎という作家だった。

かんき・たくろう（一九二八～九四）東京生まれ。ラジオドラマ、テレビドラマの放送作家を経て、一九八三年、『私生活』で直木賞受賞。その後、都会派短編小説の名手として数多くの短編小説集を書いた。『曲り角』、『夢のつづき』、『明日という日』など。釣り、俳句、ゴルフ、野坂昭如のチームでラグビーもするという広い趣味のもち主。

細く長く

神吉拓郎は、淡い印象の作家であった。たとえば、ラジオの台本を書いていたころからの仲間である野坂昭如などに比べると、対照的である。神吉が属していた「やなぎ句会」

の、永六輔、小沢昭一、江國滋、柳家小三治といった、個性的な、どちらかといえばアクの強い面々のなかにあっては、いよいよ目立たない存在だった。

これを人柄といってしまえばそれまでだが、神吉自身、見た目に強烈な自己主張をしない、むしろ走る人に対してのろのろ歩きをするような生き方を、人生と創作における主義とした人である。「細く長く」、あるいは「人生に急ぐべきことは何もない」ということばをモットーとしていた。

だから、神吉拓郎が亡くなったとき、理屈に合わないような気持ちがした。こういう生き方をしてきた人が、どうして早死にしなければならないのか、と思ったのである。

ある朝報じられた神吉の死はいかにも急逝という感じがした。新聞が、何日も遅れて彼の訃報を載せたのは、まだ六十五歳で、周辺に病気や入院などのうわさがとくになかったためだったに違いない。記事には「肺炎のため」とあった。本人としても、天上からの、こんなに早い、急な呼び出しは予想外のことだったのではないだろうか。

ただ、神吉拓郎の「ゆっくり自分のペースで」という態度は、あくまで作家としての外向けの顔で、実生活がどうだったかは別の話である。他の作家同様、締め切りに追われ、心身をすり減らしていたのかもしれない。常になんでもない顔を見せようとするために、かえって人一倍裏での労苦に耐えなければならない、というようなこともあり得ることだ。

そこまで考えて、改めてまた、神吉拓郎の淡い、色彩を濁さない水彩画のような創作スタイルは、容易ならざるものがあったと思うのである。

二冊の本

私の本棚には、大事にしている神吉拓郎の本が二冊ある。一冊は直木賞を受賞した短編小説集『私生活』、もう一冊は食味随筆集『たべもの芳名録』。神吉拓郎の仕事のよさはこの二冊につきるといってもいいのではないか、というのが私の意見だ。

『私生活』に収められた十七編の短編は粒揃いで、つまらない作品はひとつもない。この短編集は当時、「都会生活の哀愁を、巧みに切りとってみせた」と評された。その通りだとは思うが、私はあえて自分のことばで、「都市生活者の淡い夢を描いたものだ」と言い直してみたいのである。

どの小説も、首都圏などで生活していれば誰でも体験しそうな、事件ともいえない小さな事件を描いている。たとえば、「つぎの急行」という作品では、次の急行まで時間のできた戸川が、駅を出てなんとなく歓楽街を歩いていると、ひどく酔った男が女にからみ、女から聞くに耐えないことばでののしられている光景にぶつかる。戸川は見覚えのあるその男に気づいて、「まさか」と思う。女の尻にさわって罵声をあびている男は、自分と同じ団地に住む、品行方正で知られる草葉という男だった。草葉には身だしなみのいい、ちょっと気取った美人の妻がいる。

妙ないい方かもしれないが、私はこれは、都会に住む者の夢だと思う。いつでも起こりそうなことというのは、実は案外起こらないものなのではないだろうか。むしろ私たちの身のまわりにときどき起こるのは、予想もしなかったことのほうである。実際に起こることではなく、私たちがふっと起こりそうだと空想することを、神吉拓郎は描いているのだ。都会は、そういう空想、あるいは淡い夢想とでもいうべきものに満ち満ちている。

神吉のもう一冊、『たべもの芳名録』にも、私はこの都会の淡い夢の味を感じる。いや、『たべもの芳名録』を読むと、神吉の小説の世界がよくわかるというべきかもしれない。彼は食味随筆のほかに、短編集『洋食セーヌ軒』といった、食味を中心にすえた食味小説も書いた。だが、そういう食味小説よりも、私には『たべもの芳名録』のほうがおもしろい。食べものへの夢想と現実が交錯するこの食味エッセイは、神吉拓郎の小説の根にあるものを教えてくれているような気がする。

食べる物語

食べものは、うまければいい、という人もいる。たしかにそうだが、私たちは、その食べものを食べたくなる動機や、味によって頭のなかに起こってくる想念といったものまで、食の楽しみの一部としていることも事実だ。個人差はあるが、たとえばチーズを食べるときに、私たち日本人は豆腐を食べるときのような物語はもたないはずである。

神吉が『たべもの芳名録』に取り上げた二十四の食べものは、いずれも私たちの日常になじみの深いものばかりだ。冒頭の一編は「鮓が来そうな日」。鮓だから、握りずしではなく、おしずし、なれずしのほうである。

「うらうらとして、何をするにも勿体ないような日というものがある」という書き出しで、こういう日を「終日無為」というのだという。

「終日無為、とは、淡い詠嘆だ。春のひと日に似つかわしい。／こんな日に、或る楽しい予感がすることがある」

それが、知人からすしが届きそうな予感であって、はたしてすしは届く。そんなうまい話が……といいたくなるが、「予感」という神吉一流のフィクションを用いて、すしへの憧れが巧みに語られているのである。

さまざまにすしのことにふれたあと、祖母の五目ずしづくりの記憶をたどり、「帰るべき故里を知らない東京人」になってしまった神吉が、祖先の出身地である兵庫県のある地方と、すしによってかすかにつながっているらしい、ということに思い至る。

「手づくりのすしに惹かれ、すしを恋しがる気持のなかには、私の、故里というものについての、曰く云い難い思いが籠められているのかも知れない」

『たべもの芳名録』には、作家独自のことばが随所に光っている。牡蠣を食べては、「ナマガキのノド越しの面白さは、なにか間違ったものを呑み込んでしまったのではないかという面白さである」といい、「湯豆腐の湯気は、牡蠣鍋ともフグちりとも違う。淡く、柔らかな湯気だ。寒気のなかで、こわばる気持をほっと落ち着かせ、ときほぐす湯気だ」と、食べものの形、色、音、食感から湯気ひとつまで、神吉の感覚はとらえている。

神吉拓郎の小説の登場人物たちが出あう、ささやかな事件の味わいは、この食味随筆に取り上げられた、ひとつひとつの食べものの味わいにどこか似ている。東京のどこかの街を歩いていて、そばでも食べようかと思ったとき、すでに小説は始まっているのだ。

杉浦明平——渥美半島、種蒔く人

おいしいものは自ら畑でつくった、元祖田舎暮らし作家。だが、創作には健康だけでなく刺激が必要だった。

すぎうら・みんぺい（一九一三〜二〇〇一）　愛知県生まれ。ルネッサンス研究の傍ら、小説、評論を書く。戦後、郷里の渥美郡福江町（現　田原市）に住み、作家活動を続けた。一九四九年、日本共産党入党（六二年離党）。町会議員や教育委員をつとめた体験から『ノリソダ騒動記』などの風刺的な記録文学を生み、話題を呼んだ。代表作は七一年、大作『小説渡辺崋山』。

バンカラ男の「明平さん」

会ったことも話したこともない杉浦明平を、私は生前から「明平さん」と呼んでいた。

農民のような生活をしながら、いわば戦後の良心とでもいうべき姿勢を貫いたこの作家に、敬慕の念を抱いてはいたが、「さん」づけで呼ぶようになったのには、ひとつのきっかけがあった。

杉浦の大作『小説渡辺崋山』が新刊書として書店に並んだころ、私はある美術雑誌の編集部にいたが、そこへ、とんでもないバンカラ男が入社してきた。度肝を抜かれたのは、まず、初出勤の日に会社に下駄をはいてきたことである。編集長が明日から靴をはいてこい、というと、彼は「オッス」とも「ウッス」とも聞こえるような返事をした。

私はこの男と、毎日のように昼めしを食いに行くハメになり、そのたびに、彼は読んだばかりの『小説渡辺崋山』の話をもち出しては、読め読めというのである。だが、あの小説のぶ厚さに恐れをなしていた私は、読む読むといいながら、読まなかった。

バンカラ男は、杉浦の話をするとき、親しげに「明平さん」といい、「そこが明平さんのすごいところだ」などという。「だが、明平さんは……」などと私もつられて応じているうちに、どうやら「明平さん」が口についてしまったのである。以来、私にとって、杉浦明平は「明平さん」になった。

甘味の地獄と極楽

　ところで、「明平さん」などと呼んでいながら、私は杉浦の随筆の類を読まなかったため、その生活ぶりをあまり知らなかった。畑を耕しながら、小説や評論をバリバリ書いた、心身ともに強健な人、と漠然と思っていただけである。

　杉浦の渥美半島の生活は、本業の執筆はもっぱら深夜で、昼は畑仕事をしたり、人に会ったりしていたようである。近くに二反五畝（約二十五アール）の畑をもち、午前中一時間、夕方二時間と時間を決めて、畑に出ていた。

　畑でつくっていた作物は実に多種多様で、私たちがふつうに思いつくあらゆる野菜果樹はもちろん、草花類、さらに筍を採るための竹を五種類も植えていた。それらの作物の世話は、種蒔き、草取りから収穫まで、機械を一切使わず、ほとんど杉浦一人の手で行っていたのである。晴耕雨読というが、彼は雨の日も強風のなかでも畑に出ないということはなかった。畑仕事は、スポーツその他の娯楽に縁のなかった杉浦にとって、結果的にはストレス解消法になっていたかもしれない。だが、そもそも彼が畑を耕すようになったのは、草や木が無類に好きだったことに加えて、自分でおいしいと思うものは自分でつくらなければ食べられないと悟ったからであった。付近の農家が都会の嗜好に合わせた作物をつくるようになり、杉浦の舌に合うものをつくらなくなっていたのである。

「食いもの談議はたのしいものだ、というのはわたしじじしんが食いしんぼうだからであろう」という杉浦は、味には妥協しない食いしん坊だった。たとえば、夏から晩秋まで大根おろしにしてうまく、冬は煮食用、漬物用として抜群の青首大根を、地元の農家が辛味のない、商品になりやすい白首大根に揃って移行してしまったあとも、苦労して種を求め、つくり続けている。

彼には、「辛味、苦味、臭味」があって、しかも「甘味」がにじみ出る野菜がおいしい野菜であった。果物は、「酸味」がなければ果物とはいわず、「甘酸よろしきをえて」はじめてうまい。だが、現代の農作物の「改良」がそれに逆行していることは、常識である。大根からは辛味を、柑橘類からは酸味を減らし、すべて甘く、甘く。料理の味つけも甘い。杉浦はこの傾向を、「甘味地獄」と呼んだ。

さすがの杉浦も、魚は自分でつくるというわけにはいかなかったが、旬の味と、漁場での味の違いには敏感だった。好物はイシガレイで、旬は四月から十月上旬。ただし、川や港の泥のなかで育ったイシガレイは、彼は匂いですぐにわかり、食べなかった。

「醬油を濃くからくしたつゆの中で煮上がって、引きしまった白身が割れるように盛りあがったイシガレイは、子どものときから食べなれたせいか、一ばんわたしの口にあう。ひれの根もとに並んでいる米粒のようないわゆるおこめにも脂がたっぷりのって、ひれの骨ごとしゃぶると、口じゅうの粘液に甘味がしみわたるような気がする」
(『カワハギの肝』)

こちらは杉浦の「甘味極楽」である。

明け方のウォツカ

よい空気のなかで、草木に親しみ、畑仕事に汗を流して、農薬の心配のない手ずからつくった野菜を食べ、旬の魚を選んで食べる。杉浦の生活は健康そのものだった。ところが、この人は、昼に蓄えた健康を、夜から朝にかけて使いはたしてしまっていた。

以下、食味随筆集『カワハギの肝』に書かれた、杉浦の夜の楽しみ。「一合二勺の酒をわたしは二、三十分かけて飲む。酒の肴をせっせと食べるからそんなに時間がかかるのだ」という晩酌は、ごくふつうである。ただ、「零時半ともなれば、わたしはウイスキーグラスを戸棚から取り出して仕事しながらちびりちびりはじめる。ちびりちびりでも二時までには少なくても五杯くらいになってしまう」となり、午前二時になるとうどんかそばがきを食べるが、「うどんもそばがきも、じつはカクテルの肴なのである。ジン、ブランデー、ラムをメジャー・グラスの七、八杯、毎晩かわるがわる基酒に、必ずレモンの絞り汁入りの甘酸っぱいカクテル種々をつくる」というに至っては、夜ごとの酒量は相当なものだ。夜がふけるにつれて強い酒に移り、明け方にウォッカを飲むこともあったのである。杉浦は七十一歳のときに吐血し、胃の七割を切り取る手術を受ける。それ以来、酒の代わりにあめ玉をしゃぶらなければならない身になった。

「ラムやウォッカで焼けただれた胃壁を切り取って以来、食事後すこし時間が経過してからちょっと動きまわると、血糖値が零近くに降り、目がくらくらと回ってその場にしゃがみこんでしまう。その不足した糖分を急速に補給するために、カリン糖をかじるか飴玉をしゃぶるかしなくてはならなくなったのである」(『偽「最後の晩餐」』)

酒を無上の楽しみとして生き、甘味地獄を嫌っていた人の無念、思うべし。その後、不本意な暮らしは十七年間におよんだが、杉浦は気力をふりしぼって細々ながら執筆活動を続けた。創作というつらい頭脳労働は、杉浦明平の胃を奪った。だが、それでも彼が八十八歳の長寿を全うできたのは、自ら汗して育てた野菜や果実を食べ、渥美半島の自然に寄り添って生きた賜物ではなかっただろうか。

六、画家の視界

岡本太郎——ドカンとくる空腹感

あらゆる動物は命がけでエサを食べているのに、人間はガツガツ食べると軽蔑される、なぜだ、と岡本太郎は問う。

おかもと・たろう（一九一一〜九六）東京生まれ。父は漫画家岡本一平、母は歌人・作家の岡本かの子。一九二九年から十年余りパリに留学し、パリ大学哲学科に学んだほか、ピカソやシュールレアリストと交流し、三〇年代ヨーロッパ芸術潮流の最先端を歩んだ。戦後は日本で独自の芸術家として広く活躍した。

文化をつかんだ人

忘れられない岡本太郎のことばが、ひとつある。だが、それをどこで読んだのか思い出せず、この一週間、『岡本太郎著作集』をひっくり返して、えらく苦労をしたが、どうしても探し出せなかった。

だから正確には引用できないのだが、「人間は文明化されることによって、文化を失っていく」という意味のことばである。ちょっと聞くと、そうかな、と思う。とにかく文明はよいものだ、と教えられている私たちには、文明の開けたところでは文化も高い、というのが常識になっているからである。

それがそうではない。わかりやすい例でいえば、それまで手仕事で一枚一枚編んでいた簾《すだれ》を、大量生産できる工場が、どーんとできてしまえば、どの家庭にも安い簾が行きわたって、文明の進歩かもしれないが、簾を手でつくるという文化は失われてしまう。

手仕事のものが失われるということは、つくる技術だけでなく、大切に片づけたり、手入れをしたり、そのものに寄せる人の気持ちまで、すべて失われるということだ。

食の文化も同じ。便利さと効率を優先したために、この五十年間にせっせと失ってきたものを、今になって料理の先生から、時間と金を使ってまで、感心しながら教えてもらっている始末である。

岡本のことばは、目からウロコであった。

食べる祈り

日本の牛肉は世界一おいしい、ということをよく聞く。このことについて、岡本は、こういっている。

「私は逆に、ヨーロッパやまた中南米に行って肉を食べながら、アッと感動するのだ。その味は、本当になまなましい。動物の肉を食っているんだ、という喜び。自然のなかの、野性の歯ごたえ、におい——。／日本の牛肉の高級品は、松坂にしても、神戸牛、近江牛、それぞれ手塩にかけた特別な上ものがある。確かにすき焼き、シャブシャブ、オイル焼き、またビフテキにしても、舌の上でとろりと溶けて、美味しいことは美味しい。だが私には何かもの足らない気がしてならない。それはひたすらやわらかくて、抵抗がない。（略）ああいうのは魚肉に慣れた日本人が、マグロのトロなんかの感覚で、やわらかいほうが上等なんだと思い込み、一生懸命に肉らしさを消してしまった、その成果。つまり作られた味なのである。／動物である人間が、動物の肉に挑んで、歯でかぶりつき、嚙みしめて食べる。向こうの〝いのち〟がこっちに伝わってくるような。（略）／本来、食べる感動には生命の交歓ともいうべき自然対自然のよろこびがあったのだ」(「にらめっこ」)

正直、松阪牛も神戸牛も食べたいが、にもかかわらず、このトロ和牛論もまた痛快極まる批評である。

私たちは、ふだん虫も殺さぬ顔をしているが、いずれ動物や植物を食べて生きているのだ。どうせ食べるなら、岡本のように、生き物のアクも匂いも感じながら、自然にかぶりつくつもりで、歓びをもって食べるという態度はすばらしいし、食べられるほうにも、供養になるというものだろう。

岡本は前衛芸術家だったが、ピカソに似て、その源泉は原始、文明以前の、野性の文化にあった。だから、彼のなかには、偉大な自然に対する、太陽に対する、限りない賛美の気持ちと、祈りの心がある。太陽の顔のオブジェを創るのも祈りなら、肉を食べるとき、野性の手応えにふれようとするのも、太郎流の祈りであった。

もともと祈りとは、対象に対するいい知れぬ賛嘆の気持ちを表す行為にほかならない、ということを岡本は気づかせてくれる。

手紙とすき焼き

よく知られているように、岡本太郎は、岡本一平、岡本かの子という恐るべき両親をもっていた。この三人家族が、どんなに深く、こまやかな愛情で結ばれていたかは、太郎の『母の手紙』という本を読めばわかる。たとえば、かの子の太郎への返信の一節。

「好い手紙をもらった。／まるっきりこの手紙をもらう為にお前を育てたと思われるほど好い手紙だ」（「母の手紙」）

子に向かって、こんな文句を書ける母親はざらにはいない。

ところで、岡本と両親は、よき食いしん坊仲間でもあった。三人共通の好物は、どうやらすき焼きだったようで、両親がロンドンにいて、太郎がパリにいたころも、すき焼きはしきりに話題になっている。太郎がロンドンの両親のもとを訪ねたときは、「中庭に面した食堂では、はるばる巴里から親の下に帰って来た息子をねぎらうためにすき焼きが用意されてあった」。また、ひさびさにロンドンからパリへ戻ることになったかの子は、太郎への手紙に「おみやげは何が宜いの。トキワのスキヤキナベか、それともなに？　なに？」

と書いている。トキワというのは、ロンドンにあった日本料理店の名前だ。
ところが、そのトキワで夕食を食べていて、かの子が脳充血という病気で倒れる、という事件が起こった。すき焼きを食べていたのかどうかはわからない。あとで手紙で知らされた太郎は、驚倒させられたが、さすがにすき焼きを控えよ、などとつまらないことは書かず、「感情的にあまりにも激越になりやすい母の性質をとがめて」いる。このときはことなきを得たものの、結局これが、かの子が四十九歳という若さで命を奪われる死病となった。
しかし、岡本は、おそらく母親に似て、「何を食べれば身体にいい、悪い、栄養がどうなんて辛気《しんき》くさいことは考えない」人である。絵を描くときも、彫刻をつくるときも、原稿を書くときでさえ、彼はじっとしているということがなく、激しく動き回った。

「だから、腹がへる。突然ドカンと空腹感がやってくる。そうなったら矢もたてもたまらない」(「人生雑感」)

原始人さながら、食べものに突進する。岡本太郎にとっては、食べることも創造の一部であり、生命への賛美であり、祈りであった。

小絲源太郎——不忍池を田んぼにするな

十代続いた料理屋を継がずに画家になってしまった小絲源太郎は、料理の代わりに名画の数々と、庶民派の心を残した。

こいと・げんたろう（一八八七〜一九七八）　東京生まれ。二十三歳で文展初入選。一九三〇年、三一年と帝展で連続特選、帝展無鑑査となる。翌年、帝展審査員。四五年、上野の生家が戦災で焼失。また戦時中は、疎開せずに自宅（田園調布）で暮らした。六五年、文化勲章受章。

「揚出し」十代目

小絲源太郎は、戦前まで上野にあった「揚出し」という大きな料理屋の長男に生まれた。料理屋というより、めし屋という感じか、今でも、あれば出かけてみたくなるような、おもしろい食べもの屋である。

銭湯でもないのに朝湯に入ることができ、安い料金でめしが食えた。夜通し遊んだ朝帰りの客や、朝出の仕事の前に寄る客で大にぎわいだったという。豆腐を油で揚げた揚出しという料理の名が、そのまま店の名前になっていた。「揚出し」はもともと、やはり上野にあった高級料亭「松源」の分家である。

「揚出しといふのは本来、料理の名称だ。いや料理といふほどのものでもない。油で揚げた豆腐を醬油で食ふだけのものだ。熱いうちに食べると満更でもないが、大してうまいとも思つてゐなかつた。油あげや、なま揚にならないといふのが、一家相伝の秘訣ででもあるやうに思はれてゐたらしい。本家である松源楼は、徳川幕府全盛であつた江戸時代、東叡山寛永寺参拝を口実にした御歴々の遊び場所であつたらしく、御供廻りは専ら揚出しで、といつた工合だつたものと思はれる。／ブル専門の松源が早くつぶれて、プロの方だけが栄えてゐたのが面白い。私が十代目といふことで、代々小糸源七が相続名だ」（『冬の虹』）

と、小絲源太郎は書いている。

ブルはブルジョア、プロはプロレタリア。「松源」がなくなったのは、明治の末ごろか。

「揚出し」のほうは、戦災で焼けるまで大繁盛していたという。源太郎は「プロの方」というが、彼の母親である「揚出し」の女将の気っ風は有名で、勝海舟、森鷗外、福地桜痴といった人々が通っていたのだから、客はあながち「プロ」ばかりでもなく、多彩だったのである。

だが、「揚出し」十代目を継ぐべき源太郎は、食べもの屋の主人になることを嫌い、好きな絵に熱中して、画家になってしまった。「揚出し」さかんなりし戦前に、すでに画家としてひとり立ちし、やがて画家の最高の栄誉である文化勲章を受章したのである。家業のほかにもうひとつ、源太郎は「小糸」という姓が気に入らなかった。

「小糸と書くと、どうも芸者の名のやうでいやだ。その昔、父が、下谷の小糸ですがと、さる友だちに電話をかけたところ、先方の夫人が、勘ちがひして、主人を電話口へ出さなかつたといふ逸話がある」(同書)

そこで、源太郎は四十二歳のとき、「小糸」を「小絲」に改姓してしまった。

疎開をしない理由

自分は食べもの屋の主人になりたくなかったが、小絲は、料理屋を毛嫌いしたわけでも、食事に無関心だったわけでもない。ただ、食欲を満たすためには、みさかいがなくなるというあさましさがいやだった。

終戦直後の食料難の時代、東京では、空いている土地とみれば、ことごとく畑にした。銀座の街路樹が立っていた、わずかなスペースの土にも、かぼちゃが植えられていたという。小絲自身、田園調布の自宅で家庭菜園を試みたこともあったが、彼は畑仕事のなかで気づいた野菜の花の美しさを愛し、絵に残している。

そのころ、信じられない話だが、不忍池は田んぼになっていた。不忍池の風光のなかで育った小絲は、これを「うす穢ない田圃」とののしった。

小絲はある随筆のなかで、不忍池を埋め立てて野球場にするという都の計画に、不忍池は「都民の愛する池だ」と猛反対したあと、二人の人物にこんな会話をさせている。

「食えない人間、家のない人間には池のことなぞどうでもいゝでしょう。生きて行くだけで大へんです。そんな余裕はありません」

「然し、そういう人たちにこそ、本当は一ばん必要なものなのじゃないのか」(『猿と話をする男』)

つまり、わずかばかりの米を収穫して腹を満たしたり、野球場にして金を稼ぐことよりも、大都市のなかに水のある公園があるということが、人の心にとってどんなに大事か、ということを小絲はいいたかったのだ。

彼は、自分は疎開しても、農家の人のご機嫌をとりむすべそうもないから、といって、田園調布の家に年老いた両親を抱えたまま、終戦まで踏みとどまった。

その時代のことは、のちによく随筆のタネにしたが、食べものの愚痴めいたことは一言も書いていない。食べるものでどんなに苦労をしても、美術の仕事を選んだ人間が、そんなことで泣き言はいわない、というのが、画家としての小絲の美学であり、プライドだったのであろう。

好物はうなぎ?

小絲は、子どものころや、若いころに食べたものの話をよく書いている。

祖母に連れられて牡丹を見に行くたびに食べた、両国の与兵衛という店のすし、中学生のころに食べて忘れられない神田淡路町の多賀羅亭の洋食、学生時代から親友だった渋沢秀雄(渋沢栄一の五男)と川舟の上で写生をしながら食べた偕楽園の中華弁当等々。さすがに「揚出し」の坊っちゃんだけあって、外ではいいものを食べていたようだ。彼が晩年まで好きだった食べものは、本人は「そば好き」といっているが、本命はうなぎだったのではないかと思う。というのは、随筆のなかに、なにかにつけてうなぎの話がこぼれ出てくるからである。なかには、戦争が終わってまだ一か月もたたないころ、うなぎを食べさせるという友人の誘いで、「殺人的な乗物を、ものともせずに」千葉県の長者町というところへ、娘さんを連れて駆けつける話もあった。別の文章のなかで、ある人物にこういわせているのも、もちろん小絲自身の意見である。

「鰻なんてものは、豚や牛肉とはちがって、そうもりもり食う性質のものじゃないと思うな、と云ってお上品に青磁や染附の皿から、或は蒔絵のお重から行儀よく小さな口へ運ぶような食べ方も嫌いだ。僕は酒を飲まないから飯で食うのが好きだ。丼がいゝな。江戸で発達した食物は庶民的な味が本来なのだと思う。上品がるのは邪道だ」（前掲書）

小絲が下戸だったこと、庶民の味を愛した人であったことが、期せずして語られている一節である。

小絲源太郎は九十歳の長寿を保ったが、それだけでなく、死の直前まで立派な絵を描いた画家である。戦時下でも戦争絵画制作を断り、軍の援助を一切受けず、アトリエで死ねれば本望という構えで東京に残った、絵画ひと筋の人生はみごとというほかはない。しかも、この画家の最もいい作品は、七十代、八十代という高齢で描かれている。

竹久夢二――最後はすし

恋の伝説の彼方に食卓に座る夢二の姿はなかなか見えないが、最晩年の病床で食いしん坊の顔を現した。

たけひさ・ゆめじ（一八八四～一九三四）岡山県生まれ。「平民新聞」のコマ絵などからスタートし、雑誌連載のコマ絵・挿絵などの画集、絵はがきなどを刊行し、抒情画と呼ばれる新分野を拓き、スターとなる。生涯を通じて手がけた仕事は、絵画、挿絵類、装丁、染織デザイン、詩歌、エッセイなど、膨大な量にのぼる。

福神漬と山の神

「うちの人、コンニャク御飯と福神漬さえあれば喜んでいるんですよ」（『竹久夢二』長田幹雄編）

竹久夢二の夫人たまきは、そういっていたという。夢二の友人の回想のなかに出てくる。この友人が訪ねていくと、決まって夢二とたまきは夫婦喧嘩をしていた。この夫婦喧嘩は有名だったようで、いろいろな人に目撃されている。

夢二がたまきと暮らしたのは、二十三歳のときに結婚して三十歳ころまでだが、コンニャクご飯と福神漬の一件は、二十六、七歳のころの話である。とくに食べものにこだわらない、二十六、七の男なら、そんなものかもしれない。夢二は、食べものなどにはそれほど頓着しないタイプだったということである。

ただし、夢二は、女性にはおおいに頓着した。たまきは、夢二のほうが夢中になって求婚した相手なのだが、翌年長男虹之助を生み、早くも山の神然とした正体を現したものだろう。夢二には、いちいち気に入らないことが多くなって、衝突が日を追って激しくなった。一歳の赤ん坊がいるというのに、二年後には、協議離婚をしている。ところが、離婚したはずが、翌年には二人はまたよりを戻して同棲生活を始めた。だから、二十六、七歳のころの夢二は、すでに離婚していたたまきと、わざわざよりを戻して、派手な喧嘩を続けていたのである。

喧嘩をしながらの同棲生活の間に、二男の不二彦が生まれた。のちに夢二は、こんな名言（?）を吐いている。

「女はどんな悲哀の中にも、飯を食ひ、子を生み、うそを言ふものなり」（『雑草』）

もちろん、夢二は福神漬を食べたり、夫婦喧嘩をしたりしていただけではない。二十五歳で処女画集『春の巻』を出版するや、人気爆発、矢継ぎ早に画集、絵はがきのシリーズなどを出版し、一躍流行児になってしまった。三十歳のときには、勢いに乗って日本橋に自作の画集やグッズを並べる港屋を開店した。

だが、港屋というだけに、ここから夢二は新たな船出をしてしまう。

京のえんどう豆

港屋には若い女性が群がったが、そのなかの一人、笠井彦乃と、夢二は恋に落ちた。彦乃はまだ十八歳、日本橋の大きな紙問屋の娘で、女子美術学校の生徒だった。

夢二と彦乃は、前後して京都に逃れた。今ならさほどの事件でもないが、夢二の人気がすさまじかっただけに、騒ぎになり、巷《ちまた》では「色魔」などというすごいいい方で夢二は犯罪者扱いされたようである。二人はほぼ一年余、京都を拠点に加賀方面の温泉などを旅したりしながら、幸せなときを過ごした。京都の岡崎公園の図書館で、「竹久夢二抒情画展覧会」も開催している。しかし、彦乃はすでに肺結核を病んでおり、娘を奪い返しに来た父親に連れられて帰京、二年後、二十五歳の若さでこの世を去ってしまう。

哀切な悲恋物語だが、この間の夢二の折にふれての断章を読むと、彦乃という人は案外に豪胆で、夢二のほうにはそういう女への警戒心さえあったことがわかる。

「この寂寥の敗れるな、せきばくにまけることは女にまけることだ」、「女を侮辱してやらうとおもふ時、すでに男は女のわなにかゝつてゐるんだ」（前掲書）

などと、夢二は妙な自戒を書きつけている。

恋の破局とともに、夢二の京都時代も終わった。それから十年後、夢二はこんな京都の思い出を書いている。

「二階の露台からは八坂の寺の屋敷跡が眼の下に見えた。（略）この廃園を見おろしながら、お尋ね者のやうな私達は、そこで食事をしたものだ。眼をあげると廃園の中に八坂の塔が北へ傾いて聳えてゐた。塔にさがつた風鈴の音が、からんからんと夜更けでも鳴る時は、涼しさが過ぎて妙に寂しかつたものだ。その屋敷跡でとれた豌豆《えんどう》の味を思出す。六月時分花が咲いて七月ごろ実が生つた。ざつとゆがいて口へ入れると、まるで淡雪のやうに舌のうへで溶けてゆく爽やかな味の好ましさは忘れない。一体に京畿地方の野菜はすべて好いが、あの豌豆はいまひとところ五条坂に畑があるだけで、他の畑ではああした味にはならないさうだ」(同書)

えんどう豆に残る恋の味である。

最後の手紙の最後の一行

食べものにさして執着しなかった夢二だったが、不思議なことに、死を目前にしてがぜん食いしん坊になった。

夢二は四十七歳から四十八歳にかけてアメリカとヨーロッパを旅し、その疲れもとれぬ次の年に台湾に渡って体調を崩し、昭和九(一九三四)年一月、信州富士見高原療養所に入院、八か月余りで亡くなっている。病気は肺結核。享年四十九であった。

入院して間もない一月二十八日の日記に、

「欲することますます切なり。欲することますます〳〵少く。／牡丹餅が食べたい」（『夢二日記』第四巻）

と書いている。同じころ、愛弟子の岡山さだみに出した手紙には、

「上野山下の空也のモナカが食べたいのです」（『夢二書簡』二）

という無心の文句があった。このころはしきりに甘いものが食べたかったらしく、病院でもしるこを出してもらって食べ、

「おしるこの最後の汁をすゝる時しづかに雪はふりいでにけり」（『夢二日記』第四巻）

などという歌をつくっている。

しかし、三月末になると、岡山さだみへの手紙に、

「此頃のやうに食慾が出るとあれもこれもほしい駒形のどぜう汁、代地のすつぽん、

瓢亭の鯛の西京漬　天清のエビのテンプラ、今村のフグ、いろんなものをほしい、それにしても仕方がない」（『夢二書簡』二）

と、ごちそうを並べるに至る。二月十四日の日記には、

「今ほしいのは　うまい、寿し、四月頃の鰆《さわら》の西大寺のすしだ」（『夢二日記』第四巻）

と書いていた。西大寺は、夢二の郷里岡山県・邑久の隣町である。

そして、七月二十八日、岡山さだみあてに出した、おそらく現在残っている夢二の最後の手紙の、最後の一行には、なんと、こう書かれていた。

「もしお願ひ出来るなら、大坂寿しを汽車にのる時買つて富士見でおろして下さい」（『夢二書簡』二）

夢二が最後に食べたいと思ったのは、関西の押しずしだった。悲恋も切ないが、このすしのほうがもっと切ない。

この昭和時代に入っての最晩年にみせた食欲の凄みこそ、夢二を昭和の人物の一人に加えたゆえんである。

七、都会の休息

植草甚一

——街を歩いて、コーヒー

散歩の途中で、うまいコーヒーに出あえればゴキゲンだったJ・J。
彼のエッセイは、散歩のリズムそのままだった。

うえくさ・じんいち（一九〇八〜七九）東京生まれ。一九三五年、東宝に入社、プログラム作成や字幕スーパーなどを担当した。戦後、東宝を退社して、文筆生活に入る。映画評論、ミステリー小説の翻訳、ジャズ批評、ファッション評論など多方面に活躍。とりわけ六〇年代以降は、独特の文体とキャラクターによって若者たちに支持された。

八万円のJ・J本

植草甚一ブームとでも呼ぶべき時代があった。一九六〇年代から七〇年代にかけてで、若者たちは誰も彼もがJ・Jおじさん（植草甚一の愛称）の本を読んでいるように見えたものである。

私もそのころ若者だったが、J・Jを読まなかった。なぜ読まなかったかといえば、映画、ジャズ、ミステリー小説などの知識が、私は当時の若者たちから遅れていて、その道の通のなかの通である植草の書いたものは、どうせわからないと思っていたからである。ただ漫然とそう思っていたわけではなく、彼の『ジャズの前衛と黒人たち』を買って長いこと本棚に置いてはおいたのだが、それをどうにも読む気になれず、とうとうJ・J体験をあきらめてしまったのだった。

そのうちにJ・Jおじさんのうわさもとんと聞かなくなったが、私は彼を忘れなかった。映画もジャズも知らないのは相変わらずだが、あのJ・J現象とはなんだったのかということは、いつまでも気になっているのである。

もう十年近く前の話になるが、安く手に入るならと思って、神田の古書店街へJ・J本を探しに出かけてみた。ないことはなかったが、高い。ある店でやっと見つけた「植草甚一スクラップ・ブック」シリーズの全四十一冊揃いは、八万円の値段がついていた。刊行当時の一冊の定価七百八十円が、今、一冊二千円弱になっているのは、軒並みタダ同然になっている古本のなかでは高値を呼んでいる部類に入るだろう。

J・Jのためには嬉しかったが、もちろん八万円は、私などには手が出ない。今回は、図書館の本で間に合わせ、度外れに遅れてではあるが、J・J現象を振り返ってみた。もっとも、「食」という窓を通して、ほんのちょっとである。

「ぶどう餅」その他

植草甚一は、なによりも散歩する人だった。街を歩くこと自体が好きだったが、洋書のある古本屋を漁《あさ》り、小物の店で気に入ったものを買い込み、コーヒー店やジャズ喫茶でその日の獲物を眺めては、自分をリラックスさせ、そのことをまたエッセイのタネにもしていたのである。

この街歩きは、子どものころ、人形町で始まっている。日本橋小網町の木綿問屋の息子として生まれた植草は、人形町界隈を遊び場に育った。毎月五のつく日に立つ水天宮の縁日のにぎわい、甘酒横丁、それに今もある寿堂や三原堂といったお菓子の店をポイントに、路地から路地へと巡り歩いていたのである。

そのころの彼が好きだったお菓子に、「ぶどう餅」があった。これは、明治・大正生まれの東京っ子が、不思議なくらい一様に懐かしがるお菓子である。明治の東京に生まれた中国文学者、奥野信太郎も、エッセイ集『中庭の食事』のなかで、「葡萄餅といっても、もういまの若い人たちにはわからないかもしれない。いや、相当年輩の人たちでも、東京の人でないかぎり、多分通じないかとも思う」といい、「子どものころには、これが滅法界おいしく感じられた。これが食べたいばっかりに、どれほど縁日の晩を待ちこがれたことであったか」と書いていた。「ぶどう餅」は、「餅」とついているがもちではない。

「ぶどう餅は大ぶりのサクランボとおんなじくらいの大きさをしていてコシ餡が使ってある。そうしてアンコ玉の寒天みたいな薄さで、クズでつくった皮がかぶさっているから、ムラサキ色っぽく見える」(『植草甚一自伝』)

と、植草自身の説明にある通り、もちというより、あんこ玉に近いものである。「ぶどう餅」の店は、水天宮の縁日には三軒出たという。今も、浅草で売っているが、昔のものとは味が違うようだ。

また、植草がその味に「いまでも未練がある」と書いているのが、小網町あたりにも現れたカチューシャと名乗る「ドンドン焼き」の屋台。彼にいわせれば、「ドンドン焼き」は今のお好み焼きとは断然違う。どこが違うかといえば、今のお好み焼きはメリケン粉のなかに生イカを切り込んでしまうが、「ドンドン焼き」はメリケン粉をのばして焼いてから、揚げ玉とスルメを乗せ、その上にまたメリケン粉をかけてひっくり返して焼く、というのだが、どんなものだろうか。

いずれにしても、植草の味の原点は、東京の下町っ子として生まれ育ったところにある。本人もこう書いた。

「少年期をすごした人形町付近の安い食べものが十数種類ほど、そのときの味のまま記憶にのこっていて、味の本質ってそんなもんじゃないかと思う」(「ぼくの東京案内」)

コーヒーの肴は本

青春の日に、味と香りで植草甚一を魅惑し、終生彼をとらえ続けたのがコーヒーである。J・Jほど、エッセイのなかにコーヒーという文字を使った人はいなかった。

彼は、二千編近いエッセイを書いているのではないかと思うが、そのなかでおそらく千回以上はコーヒー店のことに触れている。といっても、コーヒーそのものについては、とくに蘊蓄《うんちく》を傾けるわけではない。ただ「おいしいコーヒー」としか書かないのだが、J・Jがそういうからには、おいしいに違いないと思わせてしまうのが、彼のエッセイがもつ説得力なのである。

もともと、酒と違い、コーヒーには肴というものがないから食べものの話にならないし、コーヒーを飲んだだけでは、交番のごやっかいになるような武勇伝もないわけである。ところが、J・Jのコーヒーには肴もあれば、コーヒーから広がっていく独自の世界があるのだ。

どういうことかといえば、「本なしのコーヒーなんか、ぼくには考えられない」と本人がいう通り、コーヒー店でのJ・Jは、たいていもち歩いている本を読むか、買ったばかりの本をパラパラとやって楽しんでいた。本ではなく、街を歩いていて買ったライターや時計などの小物を、ためつすがめつ眺めていることもある。そういう本や小物がコーヒーの肴だったとすれば、そこから広がるミステリー小説の話や映画の話は、さしずめコーヒーによって扉が開かれるJ・Jのワンダーランドであったといってもよいだろう。

植草の活躍期は、ジャズ喫茶もふくめて、喫茶店の全盛時代だった。現在、彼の立ち寄ったコーヒー店のうち、どのくらいの店が残っているだろうか。とくに好んで歩いた新宿などでは、紀伊國屋裏の「トップス」はなくなったようだが、伊勢丹会館一階の「バン」は今でもにぎわい、ジャズの店は激減したが、幸いにして、J・Jが足しげく通った「DUG（ダグ）」は健在だ。

いわば歩く文化を体現していたJ・Jが、今のように街もコーヒー店も画一化していく時代に遭遇していたら、それでも歩く楽しみを見つけられただろうか。

須賀敦子——野菜の匂うヴェネツィア

イタリアの生活を回想する須賀敦子の文学的エッセイは、食卓をともにした忘れ得ぬ人々の物語でもある。

すが・あつこ（一九二九〜九八）兵庫県生まれ。一九五三年から、パリ、ローマに留学。イタリア人と結婚してイタリアに在住する。夫とともにコルシア書店に勤務しながら、日本文学のイタリア語訳と紹介を数多く手がける。夫の病死後、七一年、帰国。『ミラノ　霧の風景』、『コルシア書店の仲間たち』など、特異な文学的エッセイを遺した。

回想のスパイラル

須賀敦子の本を読んだことのない人から、「須賀敦子って、おもしろいですか」と聞かれると、どう答えていいかわからない。私が最初に読んだのは、『コルシア書店の仲間たち』だったが、正直のところ、読み通すのがつらい本だった。だが、なぜか読まずにはいられなくて、いつの間にか、彼女の主な著書はおおかた読んでしまっている。

須賀敦子はなにを書いたのか、ということを簡単にいえば、自分の文学と、生き方を見つけようとして、ほぼ十八年間にわたって暮らしたヨーロッパでの歳月を、巡り合ったさまざまな人と土地を通して語った、ということができよう。パリに五年、イタリアに十三年、五年半の結婚生活をふくむミラノが最も長く、ローマに学び、好んで出かけたフィレンツェやヴェネツィアなどのほか、各地に滞在し、旅をしている。それらの日々を、彼女は日本に帰国したあと、五十代の半ばを過ぎて書き始めたのであった。

死後出版もふくめ、七冊ほどある須賀の回想的なエッセイは、土地と時代の記憶の層のなかから、次々に自分にかかわった人と風土を抽き出してきて、一編一編、らせん状に書き重ねていったものである。彼女の、皮膚感覚を通した独特の思索の前で、イタリア文化、ないしはヨーロッパ文化は、ときには底知れない魅惑の輝きを放つこともあれば、ときにはぶつかればはね返される厚い壁となって立ちふさがった。

しかし、そういうエッセイのなかで、須賀の自画像は華麗でもなければ逞しくもない。回想のなかで彼女は、常になにか悲しみを抱いていて、楽しかった思い出を語るときでさえも、それがすっかり消えてしまうということがないのである。私は読むたびにそれを気にしながら、結局、これこそが須賀が五十数年を生きてきて染められた、魂の色のようなものだと思うほかはない、という結論に至った。「須賀敦子って、おもしろいですか」と尋ねられても、困るゆえんだ。

虫のいるチーズ

パリに留学していた二十代のころ、須賀は、パリの街を歩きまわりながらこんなことを感じていた。

「肉屋のまえを通るとき、店の奥からただよってくる血の臭いには、なにごともきれいごとで被ってしまう日本では嗅いだことのない剝き出しのなまなましさがあったし、ある友人が住んでいたムフタール街の日曜の市場の雑踏で、デュヴィヴィエの映画の場面から抜け出したような白い法衣をつけた巨大な体格の修道僧が、はげしく手をふりまわしながら、チーズ屋のおやじとなにやら大声で言いあっているのに出くわして、議論で話をつける風習のない国から来た私は、ただ目をみはるだけだった」(『ヴェネツィアの宿』)

そのとき、須賀はまだヨーロッパを外側から眺めていたが、内側に入ってゆくのに時間はかからなかった。イタリアの土地と人との出あいがそのきっかけである。パリに留学した翌年の夏、彼女はペルージャの友人に誘われて、アクワペンデンテというイタリア中部の山間の町へ友人の親戚を訪ね、自家製のチーズをごちそうになった。このチーズというのが、すごい。

「ナンド伯父さんのナイフの刃先で、熟成しきったチーズはポロポロと割れ落ちた。そのかけらのなかには、極小のチリメンジャコのような、無数と思われるウジ虫が、みなの熱い視線をあびて黒い点のような頭を振り振り、透明に近いチーズ色のからだをせわしげにくねらせている。思わず大きな溜息をついた私を見て、みんなはこころから愉快そうに笑った」(「七年目のチーズ」)

このあたりでは、虫が多いほどいいチーズだという。とても味わうどころではなく、舌でウジ虫をさぐりながらこわごわ食べる須賀のようすは、さかんに一座の笑いをさそった。

「自分は、あの八月の夜、暗い電灯の下の食卓で出会ったウジ虫チーズやみんなの笑

い声に誘われて、この国から離れられなくなったのかもしれない」(同書)

と、彼女は長いイタリア生活のあとに思い返している。

会食という握手

イタリアという玄関は入りやすくても、入れば困難な現実が待つ外国であることは、想像がつく。実際、須賀のエッセイは、イタリア暮らしのなかでぶつかった、無数の日常的な闘いの記録でもある。イタリア人と結婚した彼女は、親戚づきあいはもちろん、見えないところに存在する根強い階級意識などともかかわらなければならなかった。

しかし、須賀はイタリアの暮らしに溶け込み、家族として迎えられていた。夫ペッピーノがわずか結婚五年半で急死したあとの、義弟夫妻やその親族との親密さをみればそのことがよくわかる。彼女は労せずして家族になれたのではなく、疑問はひとつひとつ解決し、日本の文学作品をイタリア語に翻訳する仕事などをしながら、家事もこなして、自分で家族の一員であることを勝ち取ったのであった。

ヴェネツィアを描いた『地図のない道』に、「ゲンコツ橋」という小さな橋の界隈にふれたこんな一節がある。

「ここには毎朝、野菜を積んだ舟がやってくる。おなじ汽水湖のなかの島の農夫が売りに来るのだという。むかしはあたりまえだった風習が、この橋のたもとにはまだ残っているわけだ。春の朝、その辺を歩いていて、まだ運河が見えていないのに、あの、ほんのりと苦みのまざった、さわやかな野菜の香りにいきなり襲われることがある。とっさにはそれがなんのにおいか見当がつかないのだが、嗅覚のほうがちゃんと記憶していた。ミラノに住んでいたころ、水曜日ごとにマルティーニ広場に立つ青空市場で嗅いだのとおなじあの匂いだ。思いがけない香りに包まれて、私は野生動物のように顔を上げ、空気に乗ってくるそのにおいを、ひくひく嗅ぎ分けようとしていた。これはもう旬が過ぎかかっているチョウセンアザミ、これはまだ苗の大きさしかないバジリコ、あ、もうあたらしいタマネギが出ている、というふうに。そして、それらの野菜を使ってつくる料理をあたまに描きながら」

イタリアの暮らしを自分のものにした須賀が、ここにはいるようだ。

彼女のエッセイに教えられたことのひとつは、イタリアでは、「食事に招く、招かれる」ということが、人間関係のうえで、いかに重要な意味をもっているか、ということである。

食卓をともにしないうちは、友人とはみなされない。つまり、人前で食事をすることは、人間として裸になることであり、ものを食べて見せ合わないうちは、安心してつきあえないということだろう。

　須賀敦子がイタリア人と親しくなる最初も、すべて「食事」をともにするところから始まっていた。

澁澤龍彦——さあ、スパゲッティだ

サドの研究家、黒魔術と錬金術に通じた異端の作家。
そんな澁澤龍彦は、イタリアの青空を愛する旅人でもあった。

しぶさわ・たつひこ（一九二八〜八七）東京生まれ。本名・龍雄。一九五六年から、『マルキ・ド・サド選集』を翻訳するが、六〇年、その翻訳が猥褻文書として発禁、起訴され、九年間にわたる裁判の末、有罪となる。古今の異端の世界を渉猟した、知性の香り高い独自の文学スタイルを確立して、若者を中心に知識人層の支持を得た。

悪魔を書く天使

友人に澁澤龍彦ファンがいた。いや、ファンなどというものではない。ほとんど澁澤龍彦に同化してしまっている人であった。深夜、褐色の西洋骨董家具を詰め込んだほの暗い部屋で、パイプをくゆらせ、ウイスキーをなめながらぶ厚い本を読んでいる。

恐ろしいのは、今でも、世の中にはこういう入魂の澁澤読者がおおぜいいることだ。だから、この一文なども、できるだけ彼らには読まれぬよう、そっと書いているのである。

正直のところ、毒薬、黒魔術、異常な性愛、珍物奇物への博物学的関心といった、澁澤エッセイのテーマに、私はあまり興味がない。澁澤の本の好きなところは、人間の歴史を裏返したような話題を、陰惨さも衒学《げんがく》趣味も感じさせることなく、知的に、軽快に書き進めてゆく、彼の文体の心地よさだ。内容を別にすれば、澁澤のエッセイは、私の好きな芥川龍之介や堀辰雄の文章の味わいとよく似ている。

ひところ、世間のモラルを否定する人々が、澁澤龍彥を教祖に祭り上げる向きもあったが、彼はおよそ教祖的な人物ではない。たしかに、人間のなかに天使と悪魔が棲んでいるとすれば、彼はより多く悪魔の世界のほうを扱った。だが、悪魔のことを書きながら、澁澤本人は、どちらかといえば天使の側に属する人物であったように、私には思える。

ともあれ、ここでは、黒眼鏡をかけた夜の思索者・澁澤龍彥のイメージの顔ではなく、澁澤の素顔、それも飲んだり、食べたりする姿を求めることだけに専念したい。私のみるところ、そんな彼の顔が最もよく表れるのは、旅行記のなかにおいてである。

眠くなる旅

食べることは、旅の大きな楽しみのひとつである。澁澤龍彦も、ヨーロッパ旅行などでは、教会、美術館、遺跡を訪ねながら、食事もまた存分に楽しんだようだ。

「イタリアの田舎町《いなかまち》でリストランテを探すのは、いつでも楽しいものだ。入口に縄《なわ》のれんのような、小さな木の玉をつらねた一種の簾《すだれ》が垂《た》れ下がっていて、それを分けてリストランテの内部に入ると、石造りの室内はひんやりと暗くて気持がいい。やがて籠《かご》に入った乾燥したパンと、葡萄酒《ぶどうしゅ》のカラファが運ばれてくる。さあ、スパゲッティだ。……」

南イタリア紀行「ペトラとフローラ」(『旅のモザイク』所収)の一節。「さあ、スパゲッティだ」のところに、旅の気分があふれている。

澁澤には、ヨーロッパ各地、中東、日本国内などの紀行があるが、出色はイタリア紀行である。彼自身、

「私は、ヨーロッパではイタリアがいちばん性《しょう》に合う。（略）食べものもワインも、イタリアの青空の下では、なぜか殊《こと》のほか美味《びみ》に感じられるのである」（「イタリア酔夢行」）

と、イタリア好きを表明していた。

かの地での澁澤の食風景は、楽しい。アルベロベッロではヨーロッパ人がそら豆を生のまま食べるのに驚き、シチリアでは「どれでも選べ」とイキの悪い生魚をどっさり見せられて辟易し、ローマではおいしいサクランボに出あい、スパゲッティを食べすぎて、「明日から、何とかしてスパゲッティを食わない算段をせねばならぬ」と悩んでいると思うと、ヴェネツィアに着くや「久しぶりにスパゲッティやカラマーリを食って満足する」といった具合。結局、その後も、ボンゴレだポモドーロだと、彼のイタリアの旅はスパゲッティづくしだった。澁澤は旅先で、ときどきアイスクリームを食べる。甘党でもない彼が、甘さに閉口しながらシチリアやギリシャでアイスクリームを食べたのは、夏場の旅行だったせいばかりではない。彼には、昔駅のホームで売っていたアイスクリームへの郷愁があった。「アイスクリーム」（『記憶の遠近法』所収）という一文にそのことを書いている。

だが、なんといっても澁澤に欠かせないのは酒で、旅行中も実によく飲む。食事をはさんでのワインはもちろん、寝る前には必ずウイスキーかコニャック、ないしはグラッパ。パリなどでは知友が集まると、深夜におよぶ酒宴もしばしばだった。

澁澤は友人らの車であちこちに連れていってもらう旅をしていて、昼間どこでも飲めた。

「昼間からワインを飲んで、お腹《なか》も適当にいっぱいでのどかな風景のなかを走る車に揺《ゆ》られながら、うとうと眠ってしまう時ほど、いい気分の時はない」(「イタリア酔夢行」)

などと、眠っては元気を回復し、夜にまた飲むのである。

塩ラッキョー

澁澤龍彥といえば、写真でもよくパイプを手にしている。パイプたばことともに、葉巻も愛好した彼は、ある短文で自宅を小さな城にたとえ、

「よいお酒と、よい葉巻さえあれば、どこにも外出せず、この小さな城に一ヵ月くらい、籠城していても私は平気である」(『渋澤龍彥全集』別巻一)

と語っていた。

葉巻についてのエッセイは見かけないが、パイプについては、いささか蘊蓄を傾けている。澁澤は子どものころ、都内の公園によくどんぐりを拾いに行ったことを思い出し、

「堅い皮につつまれた、つやつやした光沢のあるドングリを掌に握ると、私たちは何か宝物を手に入れたような気分になるのだった。それは子供の心に、安らぎをあたえるものでさえあった」（『記憶の遠近法』）

といい、それはパイプのボウルを握っている感覚に通じる、という。たばこの香りもさることながら、温かいパイプのボウルを握っている触感が重要だというのだ。

夜型人間で、明け方まで仕事をした澁澤は、小鳥の声が聞こえ始めるころ、寝酒を飲んだ。それが、

「わたしの寝酒は、ちょいと一杯のつもりが、ずるずる長びくのである。本末顚倒というも愚かで、ひどい時になると、ひとりで瞑想にふけりながら半日くらい、ちびり

ちびりウイスキーを飲むことで時間を空費してしまう」(『渋澤龍彦全集』別巻一)

ということもあったというから、すごい寝酒である。

寝酒のつまみは、サラミやチーズなどさまざまだったが、やや変わったところでは塩ラッキョーというものが登場する。ラッキョーを塩漬けにしただけのものだが、

「そこらで売ってる瓶づめの花ラッキョーなどは、べたべた甘いばかりで食えたしろものではないが、この自家製の塩ラッキョーは、わが家にやってくる酒好きのお客さん方にも、なかなか好評である。あまり漬かり過ぎにならないうちに食べるのがよろしい。かっと胸が焼けるような青臭い感じが、何ともいえない」(同書)

という、澁澤の自信作だったようだ。

飲む話ばかりで、これでは澁澤龍彥はただの飲ん兵衛になってしまいそうだが、パイプをくゆらせ、葉巻をふかし、ウイスキーをなめる間に、膨大な著作を残したことを忘れてはならない。「テレビ・ラジオのたぐいは一切見聞しない」生活だった。

平野威馬雄——京都、鮎香るころ

混血児ゆえのいじめを受けた記憶をもつ平野威馬雄は、自らのアイデンティティーを、古い日本に求めた。

ひらの・いまお（一九〇〇〜八六）　横浜市生まれ。父はフランス系のアメリカ人ヘンリー・パイク・ブイ、母は日本人。十八歳のとき『モーパッサン選集』を翻訳し、新進の詩人として活躍を始める。その後、約十五年間にわたってコカインなどの薬物中毒に苦しむ。戦後は著述の傍ら、混血児救済運動を行ったことでも知られる。

ある横顔

Kという八十歳を過ぎた知人から、かつてこんな話を聞いた。

四十代のはじめに、株で失敗をして無一物になったKは、家族からも見放され、三畳間に一人暮らしをしながら、当時流行り始めた家庭用スチームバスなるもののセールスをしていた。あるとき、松戸の平野威馬雄という変わった名前の人から注文をもらい、平野家まで商品を届けると、出てきた主人の顔はどう見ても西洋人である。

ところが、話をしてみるとまるで江戸っ子、東京弁ペラペラの、至って気さくな人であった。Kはその方面にはうといが、話のようすから、偉いフランス文学の先生らしいということもわかった。その後、どういうものか、平野先生が、スチームバスを友人知人に盛んに勧めてくれたおかげで、Kは好成績をあげ、自ずと運も開けることになったのである。

Kは、平野先生になにかお礼をしたいと思い、先生の希望を聞いて、京都への二泊三日の旅に招待した。というよりは、Kはそれまで京都などにはろくに行ったこともなく、そういってくれるなら、一緒に京都の友人のところに遊びに行こう、と先生のほうから誘われ、同行したのである。

先生の京都の友人というのは、詩人で写真家、白川書院を起こして「月刊京都」を創刊した出版人でもある臼井喜之介であった。臼井と平野威馬雄の関係は深く、『京都の詩情』、『銀座の詩情』といった、平野が、好きな京都や昔の銀座を思うさま語り、謳いあげた本を、白川書院から出版している。臼井自身、今読んでもおもしろい、京都の名所や味どころを紹介した本をたくさん書いている人だ。

ともあれ、Kは、「平野先生と臼井さんと三人で、お寺を見てまわったり、食事に行ったりしましたが、ぼくの生涯を振り返っても、あんなに愉快ですばらしい時間はほかにないね。え、なにを食べたかって？　忘れちゃったよ」と、そのときのことを語るのである。

銀座の「西洋」

平野威馬雄は、フランス系アメリカ人を父に、日本人女性を母に生まれた。父ヘンリー・パイク・ブイは、日本美術や能をこよなく愛し、日本移民のために尽力、初代日米協会会長をつとめたほどの人物だったが、アメリカに住むことのほうが多く、日本に住む妻子は、母は「らしゃめん」と陰口をいわれ、威馬雄は幼いころから「あいのこ」であるゆえの陰湿ないじめにあって苦しむ。

時代は明治の末、開港場の横浜でさえ、混血児に対する差別は想像を絶するものがあったようだ。「あいのこ」いじめは、子ども自身だけではなく、大人が子どもをけしかけて行うこともあったという。

そういう幼少期の体験が、平野威馬雄の心のなかに、父の国アメリカと、母の国であり、そこで生まれ育った日本について、当然のことながら、複雑なこだわりを生んだ。

威馬雄の長女平野レミさんは、新婚旅行でアメリカを訪ねた際、祖父ヘンリー・パイク・ブイの墓を探し当てた。「帰ってから、この話を父にすると、あんなにアメリカ嫌いだったはずの父がひと声、／『よし、行こう』／と言った」。それまで威馬雄はチャンスがあっても外国旅行はせず、「『俺は京都が燃えたら行く』／と言って今まで外国に行かないことを誇りにしていた」と、レミさんは『ド・レミの歌』に書いている。

平野威馬雄にとっての「アメリカ」と、日本の象徴としての「京都」への思いが、ここにはからずも語られているようだ。

しかし、平野は外国へ行かなかったからといって、西洋嫌いだったわけではない。むしろ少年時代から、大正という時代の空気のなかで、おおいに甘いロマンティシズムとハイカラ趣味に染まった経験をもっていた。彼は書いている。

「ああ、少年のころのうっとりするような、あまい哀愁《あいしゅう》。——それは、ぼくにとって、有本芳水と竹久夢二のえがいてくれた世界から始まったのだ」(『レミは生きている』)

銀座をパリになぞらえて通い、ボードレールやヴェルレーヌへの憧れのうちに、平野の詩とフランス文学は出発したのであった。銀座で初めておいしいコーヒーを飲ませたといわれるカフェ・パウリスタについて、

「パウリスタではコーヒーのほか一皿十銭のカレーライスがうまかった。ボーイが景気のいい声で『カレーライス・ワン！』と英語で承るのがやたらに西洋くさく、うれしかったものだ」（『銀座の詩情』一）

と、思い出を語っている。

山端の茶屋

京都へ出かけると、平野はいつも臼井喜之介の家を真っ先に訪ねた。ある夏、大文字の火を見に駆けつけたときもそうである。臼井家に着き、

「快く迎えられると、そのまま、京風の中庭に面した浴室に案内され、いや応なしに、五エ門風呂に浸る快を与えられた。ほんとうにそれはムザンという感じだった。東京から流しっぱなしの汗の上にたまった埃が一瞬にして涼味と入れかわった……。その須臾のムザンさは、万金にかえがたい有難さであった。／パンツ一枚の非礼のまま、つめたく冷えた麦湯を啜る。もう、何をか云わんやである」（『京都の詩情』二）

この日、平野は臼井の勧めで、夕食は山端《やまばな》の平八茶屋でとることにした。山端とは、京都を北へ、高野川沿いに八瀬へ向かう途中、東に修学院離宮のあるあたりで、若狭街道の両側にひなびた民家の並ぶところである。かつては京の入り口の宿場のひとつとして栄えた。平八茶屋は、臼井喜之介が昭和四十（一九六五）年に「今で十八代」と書いているから、おそらく江戸初期からある茶屋である。

「広間の西は、広々とした河原になっていて、ひでりつづきで多少水量は衰えたというが、それでも、せんかんとして高野川は水音を立てて流れていた。川面から吹き上げる夜風は東京を忘れさせた。／あゆとごりと、鰻の蒲焼き、緑色の冷やしそうめんに、とろろ、麦飯、という献立ては淡々とした中に、外人ならば *Dinner of full body*（英）とか、*Repas corse*（仏）とか云いたくなるであろう『コク』のあるものばかりであった。（略）／蒲焼の調理法も東京とはちがい、しこしこしていて風味があった。蒸しの代りに、たれの堆朱《ついしゅ》という趣きだった。あまりにおいしいのでおかわりをした。／夜がふけるにつれて、蟬は遠音になってゆき、入れかわって、いつしか松虫、くつわむしの鳴奏がしげくなっていた」（同書）

京都があるうちは外国などに行かなくてもいい、といっていた平野威馬雄の京都とは、こういう場所であった。彼の父ヘンリー・パイク・ブイもこよなく京都を愛し、しばしば滞在したことを思えば、平野にとっての京都は、ある意味で父の遺産のようなものだったのかもしれない。

平野威馬雄はさまざまな仕事を残したが、京都とのかかわりからだけみても、懐かしい人物である。

八、話術あり俳味あり

林家三平——チョコレートパンが食べたい

もうたいへんナんすから、は嘘いつわりのないところ。
ライブを生き抜いた昭和の爆笑王は、人気絶頂で倒れた。

はやしや・さんぺい（一九二五〜八〇）東京生まれ。本名・海老名泰一郎。七代目林家正蔵の長男。戦後、兵役除隊後に父に入門して落語家をめざした。一九五五年にテレビ番組の司会に抜擢されて一躍人気者となる。五八年には真打ちとなる。以後二十年間にわたってテレビに舞台に寄席にめざましい活躍を続けた。

街の落語家たち

落語といっても、私は、落語の知識は皆無、寄席に出かけた回数も数えるほどしかなく、これまで噺家《はなしか》との縁はまったくなかった。そんな私にでも、林家三平のことなら、どさくさまぎれに振り返ってみることができるのではないかと思ったのである。

私などが思い浮かべる噺家といえば、林家三平、古今亭志ん朝（二代目）、立川談志、月の家圓鏡（八代目橘家圓蔵）、それに「笑点」のメンバーの面々といったところ。つまり寄席に通わない人間にもなじみのある、テレビに出ていた落語家たちだけである。

今あげた四人の噺家のうち、たまたま三人まで、街で見かけたことがある。昭和四十五（一九七〇）年前後のことだったと思うが、そのころよく赤坂あたりをうろついていて、TBS横の通りを乃木坂へ向かう途中にあるそば屋に入ったら、林家三平が、奥の席で一人でそばを食べていた。酒は飲まず、ただ昼食のそばを食べていたのである。

古今亭志ん朝を見たのはもっとあと、一九八〇年代、ある日神田の藪《やぶ》蕎麦に入って、中央の土間に並ぶ椅子席に座ったら、斜め前の席で、一人でひっそりと酒を飲んでいるのが志ん朝だった。客の少ない午後で、あまりジロジロ見てはいけないと思いながら、それとなく見ていると、やがて志ん朝はテーブルの上に乗せていた手の指で、コツコツとモールス信号でも打つようにテーブル面を叩き出した。すると、それがいつもの合図だったとみえて、年配の女店員がさっと奥へ入り、ほどなく盛りそばを手に現れたのである。

平成四（一九九二）年に、沖縄へ取材で行っていたときのこと、那覇の公設市場の二階にある食堂で、食事のあと店の女主人と雑談をしていた。そこへ、「よっ」といって、単身ふらりと現れたのが、立川談志である。談志は女主人とは旧知の間柄のようだった。彼が参議院議員をしていて、内閣の沖縄関係の役職に就いていた時代ではなかったかと思う。いずれも食いもの屋での目撃であった。

林家三平がそばを食べていたそば屋の名前を忘れていたが、先日、すっかり変わってしまった旧ＴＢＳの付近を通りかかったとき、乃木坂寄りに長寿庵を見つけた。店構えは今風に変わっているが、三平を見たのは、たしかこの長寿庵だった気がする。

三平はごくふつうの顔をして、そばを食べ終えたところだった。

根岸の地味めし

三崎坂《さんさきざか》上の上州屋というそば屋から、三平一家がよく出前をとっていたことは、三平夫人、海老名香葉子の回想などにも書かれている。今度、この店がまだあるのではないかと思って訪ねてみたが、すでになくなっていた。

三崎坂は西の団子坂とつながっている坂道で、西から東へ、長いゆるやかな上り坂が続く。途中には、老舗のせんべい屋や千代紙の「いせ辰」などがあり、人気のある通りだ。上りきると、谷中霊園が目の前。谷中霊園から北東へ、直線距離にすれば一キロメートルもない、山手線の線路をまたいだ反対側の根岸に、三平邸がある。今も、三階建ての壁面すべてが落ち着いた茶色の堂々たる和風建築が、「ねぎし三平堂」という看板を掲げている。

三平がラジオやテレビで活躍するようになったのは、三十歳前後からで、落語家としても真打ちになったのが三十三歳のとき。このころ、三平は若いコント作家たちを自宅に呼び、勉強会と称して深夜までネタづくりに励んでいた。

「はかま満緒さんが来て一緒にネタをつくっていました。はかまさんが来ていた頃はうちもまだ貧乏で、演芸会などの仕事でやっと三百円もらっていた頃です。夜が更けてチャルメラの音がすると、決まってはかまさんが、『食べたいな』と言うので、夜なきそばを買いに出ます。すると二人で、『ばかうま、ばかうま』と言いながら食べているのです。その嬉しそうな顔を見るのが好きで、チャルメラが鳴るのを心待ちにしました」（『おかみさん』海老名香葉子）

昭和三十年代の終わり、人気急上昇のころ、三平は朝のジョギングを始めた。根岸の自宅をスタートし、不忍池や東大の方まで、かなりの長距離を走っていたようである。

「朝食もすごい食欲で、ご飯三杯に納豆一袋、梅干し、のり、たまごや油揚を焼いて大根おろしで食べるのが好きでした」(『ことしの牡丹はよい牡丹』海老名香葉子)

のちには家族とともに、軽めに、谷中の墓地の周辺を走った。

「顔なじみのジョギング仲間も加わって声をあげて走るのです。谷中の墓地の乞食のおじさんも、すっかり仲良しになり、夫の姿が見えると鉢巻きをしめなおし、後ろについて走ってきます。/交番の前を走りぬけるときは、おまわりさんが、/『師匠がんばってください』/と、必ず励ましてくれました。/帰りは、豆腐、納豆、しじみなどを手にぶら下げて帰るのでした」(同書)

しかし、そういう健康的な生活は、どのくらい続いたのであろうか。

私が最も驚いたのは、昭和四十(一九六五)年に日本テレビで開始された「踊って歌って大合戦」という番組で、視聴者に汗だらけで踊る姿を見せるために、三平が本番前にビール瓶二本分の水を飲んだという話であった。人気はうなぎ登りだったが、このころから、食事の乱れ、睡眠不足などによる肥満、高血圧に陥っていったようだ。

もう一人の三平

もう一人の三平といっては、いささかおおげさだが、彼のなかには、大正末生まれの東京っ子らしい、モダン好みの一面が生き続けていたように思う。

昭和五十三（一九七八）年、三平が病に倒れる前年、夫妻はヨーロッパ旅行に出かけた。香葉子夫人の思い出には、ヨーロッパにいてもいかにも自然な三平の姿がある。

「二人共に一病もちながらも仕事は順調、子も育ち、家庭も安泰、今の内にという気持も手伝って夫の好きな各地を廻った。／ウィーンのシューベルトの小径《こみち》で夫が小さな声でハミングをし、リスがその横を通りぬけた。何てロマンチックなのだろうとうっとりし、滅多にないという夕日が折しも美しく輝き、私は幸福いっぱいの気持で夫を見上げた。（略）西洋史やクラシック音楽がこれほどわかる夫を再発見し、尊敬の気持が新たに湧いた」（『泣いて笑ってがんばって』海老名香葉子）

思えば、三平は香葉子との初デートのとき、駿河台のニコライ堂近くの学生食堂でカレーライスをごちそうし、シネマパレスという映画館で「天井桟敷の人々」を見ている。

三平はシャンソンが好きで、小倉義雄のアコーディオン伴奏で「枯葉」を歌っているが、クラシック音楽への憧れも強かった。次女の泰葉《やすは》に音楽の才能があるとみるや、自らパリのオペラ座やカール・ベーム指揮のコンサート、ロンドンのミュージカル劇場のチケットなどをとり、渡欧させたのも、彼自身が娘に託す夢をふくらませていたことをうかがわせる。

落語家の息子として東京の下町に生まれ、その生活習慣のなかで育ったことに不足はなかっただろうが、街に漂う昭和初期のモダニズムの空気が、三平に自分の運命とは違う未来を思い描かせることがあったとしても不思議はない。私が三平という人に見ていたのも、自分が落語家であることに自足した、ずぶの落語家の顔ではなかった。むしろテレビ時代の視聴者という怪物の前で、一か八かのライブを演じていたボードビリアンの顔である。

死の直前、三平は「何か食べたいですか」と夫人に問いかけられ、「そうだな、チョコレートパンが食べてみたいな」と答えたそうである。

安藤鶴夫――いい人間の料理はうまい

安藤鶴夫は、よくもわるくも東京の下町っ子気質。恥ずかしがりやで、涙もろくて、喧嘩っぱやかった。

あんどう・つるお（一九〇八～六九）東京生まれ。父は義太夫節の八代目竹本都太夫。一九三九年、都新聞社（のち東京新聞社）に入社。劇評をはじめ、落語関係の記事などを精力的に執筆。四七年、読売新聞に移り、劇評を担当した。芸人の世界に取材した小説・戯曲も手がけ、六四年、『巷談本牧亭』で直木賞を受賞している。

忘れ得ぬ表札

安藤鶴夫が亡くなって十年くらいたってからだと思うが、赤坂の迎賓館の近くを歩いていて、なんの気なしに一本の狭い路地へふらりと入り、「安藤鶴夫」という表札のある家にぶつかったことがあった。植え込みの茂る一角に、塀も門もなく、路地に面して建つ落ち着いた仕舞屋《しもたや》があって、ふと軒先を見ると、たしか黒地に白い文字だったと思うが、趣味のよい「安藤鶴夫」の表札がかかっていたのである。

あ、安鶴《あんつる》さんの若葉一丁目の住まいというのはここだったのか、と思った。その家の、つつましいがどこかきりっとしたたたずまいが、いかにも亡き主人の人柄を偲《しの》ばせる。ご遺族が表札を外しかねているというよりも、家族を愛した安鶴さんが、今も家のなかにいるような雰囲気がただよっていた。

今度、そのときからさらに二十余年をへて若葉を訪ねてみたが、さすがにもう安藤家の仕舞屋はなかった。安藤鶴夫のエッセイで有名になった鯛焼の店「わかば」も、折悪しくこの日は定休日。過ぎた歳月の長さを今さらのように思いながら、迎賓館前の、むせるばかりの新緑を見て帰って来た。

若葉に越した翌年、安藤が町内で一軒の鯛焼屋を見つけ、今どき「しっぽのはじッこまで、見事にあんこが入ってい」る鯛焼を売る店として、読売新聞で紹介したのが、昭和二十八（一九五三）年。この記事ひとつで、名もない鯛焼屋「わかば」は、がぜん人気の店になった。新聞が出た日の朝から、四谷見附の交番には「鯛焼屋はどこだ」と人が押し寄せ、お巡りさんを驚かせたという。

それから五年後、こんな続きがある。記事のおかげで大繁盛した「わかば」と安藤とのつきあいは自然と深くなり、店の老主人が病気で、病篤しとなったときにも、一度顔を見てやってほしいと使いが来た。彼が駆けつけると、病床の老人は、通夜に手狭だから、倅《せがれ》に裏のあき地に床をつくらせてくれとか、「もしも葬式の金が足りなかったら貸してやって下さい」などとラチもないことをいっている。万事承知した安藤は、「おじさん、なんにも心配はねえな?」と念を押し、うなずく老人に、「じゃァ、安心して死になよ」と引導をわたして帰ってくる、という話だ。

大酒飲みの甘党

安藤鶴夫は随筆の名手といわれたが、なんにでも触手を伸ばすタイプではなく、随筆のほとんどは、邦楽、落語、歌舞伎など、芸人の世界の、人間を描いたものである。その他のこと、たとえば、食味随筆などを書いても、食べもの自体はむしろ脇役で、食べる心、食べさせる心意気、すべて人間を主役にしているところに、特色があった。

安藤は、「それさえあれば、もう、世の中に、なんにもいらない」と思うくらい酒が好きで、自身大酒飲みであることを自認していた。その彼が、五十二歳のときに糖尿病と判明、酒を禁じられてしまったのは、そのことで一言も愚痴などいわなかったが、どんなに苦しかったことか。

おそらく、この糖尿体質と無縁ではなかったと思うが、彼はおおいに酒を飲んでいたころから、案外に甘いものも好きだった。なにかと菓子屋に縁があったのも、そのためだろう。「わかば」の一件しかり。

昭和十六（一九四一）年には、戦時の統制で材料が不自由になった酒田の老舗菓子屋が、いっそパッと落語の会でも開いて酒と菓子をふるまい、店を閉じてしまおうという、粋な催しを企て、安藤は招かれてこれに出かけている。旅の苦手な彼にしては、三笑亭可楽と二人、みちのく酒田まで出張ったのは大遠征であった。菓子屋とは、「呉竹羊羹」で名高い小松屋のことで、戦後復活して今も健在である。今、手元に資料がないが、昭和三十七（一九六二）年ごろには、上野界隈の老舗菓子屋の主人たちを相手の座談会で、「昔のように和菓子が売れなくなったのは、和菓子屋がたいそうな店構えをして偉ぶるようになったからだ」という意味のことを、ずけずけといっていた。

章ごとに見出しがついている彼の長編小説では、『巷談本牧亭』には「甘酒」、『三木助歳時記』には「さくら餅」という見出しが出てきて、それぞれの甘味が、人情の機微を物語る小道具に使われている。

安藤は、芸能も庶民のためのものでなければ見向きもしなかったのと同じで、和菓子なども、庶民から離れていくものは相手にしなかった。

食べもの屋のひととき

昭和四十(一九六五)年に書いた安藤の短いエッセイに、「うまいとまずい」(『わたしの東京』所収)というのがある。このなかで彼は、食べもののうまいまずいは、熱いものは熱いうちに、冷たいものは冷たいうちに食べさせようとするような、食べさせる側の気持ちに左右される、といっていた。だから、そういう心遣いをもった店にしか、自分は行かない、と。

「つまり、いい人間がやっている店だ。いい人間がやっているうちの料理は、そして、かならず、うまい」

と断定する。

自分で安藤鶴夫を「カンドウスルオ」ともじっていたくらいで、彼は気遣いのある料理屋などにぶつかると、人一倍うれしがった。そうなると、彼の性格は、ある店だのA店などとはいわず、ずばり店の名前を出して賞賛する。

浅草の古本屋で探していた本を見つけたあと立ち寄り、本を愛撫するようにひろい読みしながら、どじょう鍋とそら豆でゆっくりと二合の酒を飲む、「駒形どぜう」のひととき。

「ここの女の子たちもいい。いまでも、どぜうという旧仮名づかいで通している頑固な主人の、しつけのよさである」(「龍雨の日」)

大阪の「美々卯《みみう》」では、もみじそばのうまさに惹かれて、店の女主人と話をした。戦争中に夫を亡くしたあと、女手で店を再建した女主人の、淡々とした回想を聞いて、思わず涙を流す。

「そのいい方の中にも、絶えずおかげさまですということろが溢れていた。いわば戦死をしたのとおなじ御亭主のことを語りながらも、微塵も、うらみがましさや愚痴ッぽいところがなかった」(「自伝的エッセー」)

江戸橋の「まるたか」、芝の「クレッセント」、柳橋の「にんきや」、大阪の「丸治」などが、随筆に登場する。御意にかなったもののひとつに、永平寺の精進料理もあった。

安藤鶴夫は晩年に当たる五十七歳のとき、「このごろ、ひどく、感動が少なくなった」ことを感じて、永平寺参籠を思い立った。この人のこういう行動に、ある種意外の感を抱くのは、私だけではないだろう。だが、日々感動に巡りあえてこそ、彼の人生であった。

「本を読むことだって、音楽をきくことだって、なにか、たべることだって、旅をすることだって、なんだって、とどのつまりは、生きているということは、結局、感動をさがしていることじゃないか」(同書)

こんな当たり前のことも、安藤鶴夫のことばだから、重みをもっている。

中村汀女——鬱気を払う和菓子

和菓子は酒であり、たばこであり、恋人である、と汀女はいう。はたして、そのこころは？

なかむら・ていじょ（一九〇〇〜八九）　熊本市生まれ。二十歳で結婚し、上京。夫の任地、仙台、名古屋、横浜などに住み、次いで東京に住む。一九三四年、「ホトトギス」同人。四七年、「風花」を創刊、主宰となる。句集に『汀女句集』、『花影』、『都鳥』、『紅白梅』などがある。

生きている銘菓案内

中村汀女は、高名な俳人である。次のような句は、母性の俳句、家庭俳句として喧伝された。

咳の子のなぞなぞあそびきりもなや
あはれ子の夜寒の床の引けば寄る

汀女その人はまた、銀髪と和服姿、品格ただよう容姿で、俳壇の枠を超えて多くの人々に親しまれた人物である。平成元（一九八九）年に亡くなるまで、活躍した。

汀女について知っていたのは、ざっとこの程度。私は俳句をかじるが、近現代の俳句の大家にあまり興味がなく、彼女の俳句や随筆も、ほとんど読んでいなかった。

それが十数年前に、各地の和菓子を取材する仕事を始めてから、思いがけず、あちこちで中村汀女の名前と出あうことになったのである。汀女は、私が知らなかっただけのことで、有名な和菓子通だったのだ。お菓子屋さんたちは、汀女が自分のところのお菓子について書いてくれたことばや句を、パンフレットなどに、今でも大事に引用している。

こうなると、汀女の和菓子随筆を読まざるを得ない。そこで最初に読んだのが、昭和三十一（一九五六）年に出版された、『ふるさとの菓子』である。この本は、全国各地の銘菓といわれる和菓子を百十余点選び、それぞれに数行のコメントと句を添えただけのものだが、そのほとんどが現在も製造販売されているから、六十年後の現在でも、類のない銘菓案内として立派に通用する。

このなかで汀女は、銘菓を紹介しながら、和菓子に寄せる心といったものも、折にふれて語っている。さらに、彼女の他の二、三の随筆集を読むうちに、私にも中村汀女と和菓子との関係が、なにやらわかるような気がしてきた。

酒とたばこと恋

たとえば、汀女はこう書いている。

「私は煙草は駄目だが、ふっと来る人の莨《たばこ》の香は気持よく、さぞやとこちらもくつろぐ。まっ白い細巻をこう指に洒落《しやれ》てはさんでいる女性には、ちょっとうらやましさを覚えるのである。（略）／私は一滴の酒も駄目である。しかしたのしげな酒の座は好きだ。空《か》らの盃には満たしてあげたくなる」（『この日ある愉しさ』）

自分はたばこも酒もやらないが、たばこや酒をたしなむ人（とくに女性）をうらやましくさえ思っている、というのだ。ここには、汀女という人の現実と憧れが、まことによく表れているような気がする。

汀女は、熊本の旧家に生まれ、しかるべく教育を受けて優秀な官吏の妻となり、夫を支え、子育てをし、主婦のつとめを全うした。しかし、才能豊かな彼女は大正時代に青春期を過ごしているから、さまざまな女性の新しい生き方を知っていた人である。表だって語らなかっただけで、心のなかに、どんな悩みや憧れを秘めていたかわからない。

「女にとつて菓子とは酒であり、莨であり、そしてひそかな手頃な（？）恋人であるといつたら怒る人がありますかしら」、「名菓はうれしい。恋しい人の俤の如く、一度行き会へばもはやいつまでも忘れ去ることは出来ないのである」（『ふるさとの菓子』）

と汀女はいう。

お菓子の話にしては、この恋のフレーズ、真に迫っている。女でも男でも、生涯恋を求めるのは、当たり前だ。俳句のなかに随筆のなかに、汀女の恋を求める心がずっと生き続けていても、なんの不思議もないのである。私なども、当たり前の汀女とは別の、世間がつくりあげた汀女像を鵜呑みにしていたきらいがあった。

「毎日の生活の中でのつらきこと、悲しきことなど、美しい菓子の一つがあれば、ついそれらも忘れられそうな気さえする」（『この日ある愉しさ』）

和菓子のおいしさで、心の憂さが晴れる。汀女は、そういう意味のことを繰り返し書いた。私には、そんな和菓子感覚が、まず新鮮に感じられる。

パッケージ批評

もちろん、汀女は憂さ晴らしのためだけに和菓子を食べていたわけではない。風味と、季節感を楽しみながら食べていたのだが、心にわだかまりのあるときは、菓子のおいしさでそれが消えるような気がする、というのである。

「私はグレーにしやれた刷毛目の餡子玉をまづ食べた。昔の質素な後味だ。都の真中に出してひけをとるまい。唐子《からこ》遊びの図を真似た古風な掛紙は秀逸」(『ふるさとの菓子』駄菓子/仙台・石橋屋)

掛け紙をほめている。汀女はほかのお菓子についても、包装紙や箱のデザインなどについて、感心したり、注文をつけたりした。並みの和菓子通には目のとどかないところだ。

和菓子の包装は過剰だ、という批判は昔からあるが、同じお金をかけるなら、やはり和菓子の包装は味の一部として、工夫を凝らすべきである。昭和二十年代にこの意見をもっていた汀女は、和菓子というものをさすがによく知っていた。

「からりと乾いた木の葉色、落葉の色艶、志ば船は木の葉になぞらへたせんべいに、見事な白砂糖の化粧引。口にふくむと強い生姜《しようが》の味が花のやうにひろがつて、砂糖にとけ合ひそして霧散する。反りを打たせたかたちもよく、近頃好きな菓子五指のうち」（同書、加賀志ば船／金沢・小出）

百を超える銘菓のうちから五指というだけに、味の描写も華麗だ。小出では今、菓子の表記を「志ば船」ではなく、「柴舟」としている。実は、汀女の和菓子随筆を私がはじめて知ったのは、小出のパンフレットの、この一文によってだった。

さて、中村汀女と和菓子の関係は、恋に似て真相は口のなかに秘められている。だが、ときには和菓子が、汀女だけの時間とともにあって、誰も知らない彼女の心、悲しみやむなしさにふれていたことだけはたしかである。

「汀女が女学校の修学旅行で長崎へ行った時、家が恋しくなって泣いていると級友が

カステラを分けてくれ、食べているうちに悲しみが治まっていったという」(『日めくり汀女俳句』中村一枝)

と汀女の少女時代を伝えているのは、汀女の長男湊一郎氏の夫人中村一枝さん。『日めくり汀女俳句』は汀女の「実像」にもさりげなくふれながら一枝自身の人生の感懐を述べた、好著である。

江國滋——打ち上げ、やりましょうや

達人なのか、不器用な人なのかわからないところがあった。
だが、江國滋の生き方には、男のいさぎよさがあった。

えくに・しげる（一九三四〜九七）東京生まれ。新潮社の編集者をへて、文筆家として独立。『落語手帖』、『落語美学』、『落語無学』の落語三部作でデビューし、落語を論じる一方、落語の語り口を消化した独自の文体で、紀行、社会風俗批評などに縦横に筆をふるった。アマチュアの域を脱した、マジック、俳句などの趣味でも知られる。

ダメな編集者

三十数年前、江國滋さんのところへ、二年余りにわたって、編集者として通っていたことがあった。当時、江國さん四十五歳、私が十歳年下。東海道五十三次の旧宿場を旅するという、のん気な企画で、私が全宿場跡を取材し、江國さんには現地を見なくても書ける範囲でエッセイをお願いしていた。

最初は新宿の、京王線の駅に近い地下街の喫茶店でお目にかかった。江國さんお気に入りのその店も、今はもうない。それからは世田谷区南烏山にあったお宅に、月に一度はうかがうようになった。南烏山のお宅は、玄関を入るとすぐ、右手の、正面の廊下よりも一段低くなった部屋が江國さんの書斎になっている。しかも廊下との間がガラス戸だったから、玄関を入るともう、江國さんが机に向かっている姿が見えた。

私は正直、江國さんの前では気づまりだった。嫌っていたわけではない。気がきかない田舎者で、酒の飲めない私は、江國さんのような人のお眼鏡にかなうはずもなく、粗相のないようにと思うので精いっぱいだったのである。実際、江國さんには、よく叱られた。

「だめだよ、もっと早手まわしに催促してくれなくちゃ。もう忘れているんだから」

私は、江國さんの猛烈な忙しさを思うと、つい電話をしそびれた。それで、いつも締め切り間近に迫ってからの原稿催促になる。ほかにも、私の勝手な思い込みでご機嫌をそこねたことがたびたびあった。

だから、私は、原稿がいただければこと足れりとしていて、それ以上に江國さんと親しくおつきあいいただく機会もないだろうと思っていた。ときには、千歳烏山駅近くの「アンドリー」という喫茶店まで出かけて、打ち合わせをするようなこともあったが、個人的な話はほとんどしなかった。

船津屋の夜

江國さんは、『続 書斎の寝椅子』のなかで、「食味評論家や自称グルメ諸氏の、舌と文章を、私は頭から信用していない」と書いていたが、それだけに自身、いわゆる食味随筆をあまり書かなかった。雑談中でも、なにがうまい、まずいという話はしなかったように思う。

今、ふと思い出したが、あるとき、江國さんではなく、夫人の勢津子さんに教えられて、帰りに、江國邸とは京王線をはさんで反対側にあった「リラ」という店に寄り、おいしいスパゲティを一人で食べたことがあった。

江國さん自身は、なによりも酒の人であった。江國エッセイを読んでいると、圧倒的な飲む話の前では、食べもののことなどは野暮ったく、じゃまでしかないようにさえ思えてくる。下戸の私は、まず一献酌み交わすという、江國入門ができなかった。

ところが、江國さんの酒席にいやでも侍らなければならない機会がやってきたのである。江國さんが、桑名から京都までの旧宿場取材に同行してくださる、ということになったのだ。江國さんに目をつけ、原稿を依頼した私の上司の懇望によるものである。

その上司が江國さんを案内し、取材で先行していた私と三人、桑名の船津屋で落ち合った。船津屋は、知名の士が訪れることで名高い宿である。その夜は若い美人の女将がつきっきりで、酒好きの上司を相手に、江國さんもご機嫌よく飲んだ。というより、結局、無芸の上司と私は、もてなすつもりが、豊富な話題と余興で、すっかり江國さんにもてなされてしまったのが実際のところだったのである。

船津屋の料理は名物の蛤《はまぐり》づくし。焼き蛤、吸いもの、天ぷら、紫蘇巻きの揚げものなど、いろいろ出たが、江國さんはどれもちょっと箸をつける程度で、もっぱらお酒だった。

上司が仕事があるとかで東京へ帰ってしまい、美人女将もいなくなって、寝るほかはなくなったのが午前零時ころ。二階の広々とした部屋で、江國さんと枕を並べることになった。ヨロヨロと階段を上がるときから、江國さんは、「今夜はイソベマキに徹底的に酒を仕込んでやる」と息まいている。私は内心戦々恐々であった。

寝床に腹這いになった江國さんは、枕元に運んでもらった寝酒の銚子を手に、私の方に突き出した。

「やい、イソベマキ、飲め」

私が江國さんに注いでもらった杯を、目の下にもってきたとき、ガタッと、銚子を置いたのではない、落としたような音がした。思わず横を見ると、うつぶせのまま、江國さんはもう寝息をたてていた。

菊屋の雑炊

翌日、桑名から京都まで、車で旧宿場をたどったが、江國さんは車のなかではほとんど眠っていた。溜まりにたまった疲れが、どっと出た顔である。旧宿場にさしかかるたびに起こすのが、気の毒であった。

夕方には、京都で、再び現れた上司が加わり、また三人になった。京都の予定は、かねて江國さんにお任せすることになっている。昼間とはうって変わって元気な江國さんが、いそいそと急ぐ後ろからついていくと、たどり着いたのは祇園の茶屋「みの家」。お伊都ちゃんという、祇園のプロデューサーと異名をとる仲居が万事をしきり、男三人はヘラヘラと喜んでいればよかった。美しい芸妓が一人つきっきりのうえに、祇園に十五人しかいない舞子のうち、四人がやってくる。そこで世界でも一流といわれた江國さんのカード・マジックの妙技を見せていただいた。私は、生まれて初めての茶屋遊びに、夢見心地でいたようである。祇園の座敷は、舞子を迎えて華やいでも、あくまで静かでしっとりとしていた。

だが、夢見心地のツケはてきめんだった。茶屋を出るなり、ゲッと吐いてしまったのである。かわいい舞子さんに次々とお酌をされて、知らない間に私は相当量飲んでしまったのだ。私がゲーゲーいってるそばで、江國さんと上司が薄情に笑うの笑わないの。

旅は、翌日大阪にもう一泊して、お開きになった。大阪での江國さんは、北新地で酒場を経営する、カード・マジックの師匠N氏と、しきりに鳩首会談していた。江國さんのアメリカ四十日間マジックの旅は、この直後だったのではないかと思う。私は、江國さんの本のなかで、アメリカのマジック紀行『アメリカ阿呆旅行 わん・つう・すりー』が最もおもしろかった。今でも、比類のないノンフィクションの傑作だと思っている。

皆で朝寝坊をした最終日、朝昼兼用の食事に、江國さんが梅田地下街にある「菊屋」という店に連れていってくださった。のれんから箸袋の絵まで、日本画家の中村貞以が描いている。ここで食べた雑炊の味が忘れられず、その後も大阪へ行くと、江國さんを偲びつつ立ち寄る場所になった。

旅は四月だったが、江國さんから最後の原稿を受け取ったのは、九月の半ばだった。玄関で待っていると、風呂上がりらしく、腰タオルだけの素っ裸で出てこられた江國さんが、いつに変わらぬ真面目な顔でいった。

「打ち上げ、やりましょうや」

江國さんのワンショットということになれば、私はなぜかそのときの江國さんを思い浮かべる。

あとがき

同じ時代に生きている著名人については、関心をもつ側が、日々見聞きすることの積み重ねで、いつの間にかその人の人間像をつくりあげているものである。私にもそれがなければ、断片的な食の話だけで、この三十人の人々について書くことは、とうていできなかったと思う。

この本は、月刊誌「食彩浪漫」（NHK出版）に、「食のモダン人名録」というタイトルで二年間（二〇〇三年四月～二〇〇五年三月）連載したエッセイに手を入れ、書き下ろしの原稿を加えて成ったものである。連載時のものはいささか旧稿にはなるが、現在書いても、おそらくはそう違った内容にはならないし、大幅な修正によって執筆当時の気分が失われてしまうことを恐れ、そのまま生かした部分が多くなった。

なぜ、昭和の三十人が、このような人選になったかという点に関しては、「はじめに」でも触れたが、私自身関心のある人物を次々に取り上げていったもので、あらかじめ三十人を選んでとりかかったわけではない。したがって、各分野から何名ずつというような、バランスのとれた人選にはなっていないのは、ご覧の通りである。

個人的な話になるが、この本に用いた、あまり似ていない登場人物の似顔絵イラストは、五十数年間、まったく絵というものを描いたことのない私が、今回、突如思い立って描いた、素人の真似事である。私は、中学生のころまで漫画家に憧れ、漫画の模写などに熱中していたが、高校生になると今度は文学にのめり込んで、漫画のことなどコロリと忘れてしまった。その後、二十代半ばころから、もっぱら見るものとして絵が好きになり、そのなかには自分が子どものころに夢中になった漫画もふくまれることになったのだが、ただ、どんな絵であれ、自分で描いてみようという考えは一度も起こらなかったのである。

お目障りの点は、そういう素人絵であることをもって、お許しいただければ幸いである。

本書は、平凡社新書編集部の和田康成氏に認めていただき、世に出ることになった。執筆、一冊の構成、似顔絵に至るまで、和田氏の適切なご指導がなければまとまらなかったものであり、記して深く感謝の意を表するものである。

二〇一六年　爽秋

磯辺勝

主な参考文献

※ 順不同。また実際に参照した文献の版・刷の刊行年を示した。

一、時代もの歴史もの

藤沢周平『半生の記』文春文庫 一九九七年
「用心棒日月抄 孤剣」『藤沢周平全集』第九巻 文藝春秋 二〇〇六年
「消えた女」『藤沢周平全集』第十一巻 文藝春秋 二〇〇五年
藤沢周平『ふるさとへ廻る六部は』新潮社 一九九八年
司馬遼太郎『街道をゆく』一〜四三 朝日新聞社 二〇〇五年
「破れかぶれ」『川口松太郎全集』第十三巻 講談社 一九六八年
川口松太郎『人生悔いばかり』講談社 一九七三年
川口松太郎『愛子いとしや』講談社 一九八二年
『忘れ残りの記』吉川英治歴史時代文庫七七 講談社 一九八九年
「草思堂随筆」「折々の記」『吉川英治全集』第四十七巻 講談社 一九七一年

二、スターの周辺

野地秩嘉『高倉健インタヴューズ』プレジデント社 二〇一二年
高倉健『旅の途中で』新潮社 二〇〇三年

貴田庄『小津安二郎の食卓』 芳賀書店 二〇〇〇年
田中眞澄編『全日記 小津安二郎』 フィルムアート社 一九九三年
佐藤勢津子『姉・美空ひばりと私――光と影の五〇年』 講談社 一九九二年
佐藤勢津子『姉・美空ひばりの遺言』 KKベストセラーズ 二〇〇〇年
竹中労『美空ひばり――民衆の心をうたって二十年』 弘文堂 一九六五年
本田靖春『「戦後」――美空ひばりとその時代』 講談社 一九八七年
嘉山登一郎『お嬢…ゴメン。――誰も知らない美空ひばり』 近代映画社 一九九〇年
淀川長治『最後のサヨナラ サヨナラ サヨナラ』 集英社 一九九九年
淀川長治『映画が教えてくれた大切なこと』 TBSブリタニカ 一九九五年
淀川長治『名作はあなたを一生幸せにする――サヨナラ先生の映画史』 近代映画社 一九九九年

三、東京エッセイ

池部良『食い食い虫』 新潮社 一九九八年
池部良『そよ風ときにはつむじ風』 毎日新聞社 一九九二年
吉田健一『乞食王子』 講談社文芸文庫 一九九五年
吉田健一『私の食物誌』 中央公論社 一九七二年
吉田健一『本当のような話』 講談社文芸文庫 一九九四年
高橋義孝『蝶ネクタイとオムレツ』 文化出版局 一九七八年
高橋義孝『飲み食いのこと』 ゆまにて出版 一九七六年

四、笑いの源泉

やなせたかし『アンパンマンの遺書』 岩波書店 一九九五年

やなせたかし『人生なんて夢だけど』フレーベル館　二〇〇五年
山本和夫『漫画家――この素晴らしき人たち』サイマル出版会　一九九七年
手塚治虫『ぼくはマンガ家』角川文庫　二〇〇〇年
手塚治虫&十三人『トキワ荘青春物語』蝸牛社　一九八七年
手塚るみ子『オサムシに伝えて』太田出版　一九九四年
鈴木光明『マンガの神様！――追憶の手塚治虫先生』白泉社　一九九五年
藤子不二雄A『トキワ荘青春日記』光文社　一九八一年
横山隆一『漫画フクちゃん全集』講談社　一九七〇年
横山隆一『わが遊戯的人生』日本経済新聞社　一九七二年
田河水泡『のらくろ漫画大全』講談社　一九八八年
田河水泡・高見澤潤子『のらくろ一代記――田河水泡自叙伝』講談社　一九九一年
高見澤潤子『のらくろひとりぼっち――夫・田河水泡と共に歩んで』光人社　一九八三年

五、旅と日常

松本清張『半生の記』新朝文庫　一九七八年
「清張日記」『松本清張全集』六五　文藝春秋　一九九六年
松本清張『砂の器』上　新朝文庫　二〇〇四年
松本清張『点と線』新潮文庫　一九八七年
松本清張『ゼロの焦点』新潮文庫　一九七四年
有吉佐和子『複合汚染その後』潮出版社　一九七七年
有吉佐和子『有吉佐和子の中国レポート』新潮社　一九七九年

「紀ノ川」『有吉佐和子選集』第一巻　新潮社　一九八五年
有吉佐和子『恍惚の人』　新潮社　一九七二年
神吉拓郎『私生活』　文春文庫　一九八八年
神吉拓郎『たべもの芳名録』　新潮社　一九八四年
杉浦明平『カワハギの肝』　六興出版　一九七七年
杉浦明平『偽「最後の晩餐」』　筑摩書房　一九九三年

六、画家の視界

「母の手紙」「人生雑感」『岡本太郎著作集』第七巻　講談社　一九八〇年
「にらめっこ」『岡本太郎著作集』第八巻　講談社　一九八〇年
小絲源太郎『冬の虹』　朝日新聞社　一九四八年
小絲源太郎『猿と話をする男』　筑摩書房　一九五二年
竹久夢二『雑草』　ノーベル書房　一九七五年
長田幹雄編『竹久夢二』　昭森社　一九七五年
長田幹雄編『夢二日記』第四巻　筑摩書房　一九八七年
長田幹雄編『夢二書簡』二　夢寺書坊　一九九一年

七、都会の休息

「植草甚一自伝」『植草甚一スクラップ・ブック』四〇　晶文社　一九七九年
「ぼくの東京案内」『植草甚一スクラップ・ブック』一九　晶文社　一九八四年
須賀敦子『ヴェネツィアの宿』　文春文庫　二〇〇〇年
須賀敦子『地図のない道』　新潮社　一九九九年

「七年目のチーズ」『須賀敦子全集』第三巻　河出書房新社　二〇〇〇年
澁澤龍彦『旅のモザイク』　人文書院　一九七六年
澁澤龍彦『記憶の遠近法』　河出文庫　一九九一年
「イタリア酔夢行」「塩ラッキョーで飲む寝酒」『澁澤龍彦全集』別巻一　河出書房新社　一九九五年
平野威馬雄『レミは生きている』　筑摩書房　一九九三年
平野威馬雄『銀座の詩情』一　白川書院　一九六六年
平野威馬雄『京都の詩情』二　白川書院　一九六五年
平野レミ『ド・レミの歌』　文化出版局　一九七六年

八、話術あり俳味あり

海老名香葉子『おかみさん』　文春新書　二〇〇八年
海老名香葉子『ことしの牡丹はよい牡丹』　主婦と生活社　一九八三年
海老名香葉子『泣いて笑ってがんばって』　家の光協会　一九八八年
安藤鶴夫『わたしの東京』　求龍堂　一九六八年
「龍雨の日」『歳月——安藤鶴夫随筆集』　講談社文芸文庫　二〇〇三年
「自伝的エッセー」『安藤鶴夫作品集［復刻］』Ⅵ　朝日新聞社　一九九七年
中村汀女『ふるさとの菓子』　中央公論社　一九五五年
中村汀女『この日ある愉しさ』　海竜社　一九八六年
江國滋『続　書斎の寝椅子』　岩波書店　一九九六年
江國滋『アメリカ阿呆旅行　わん・つう・すりー』　文春文庫　一九八八年

【著者】
磯辺 勝（いそべ まさる）
1944年福島県生まれ。法政大学卒業。文学座、劇団雲に研究生として所属。その後、美術雑誌『求美』、読売新聞出版局などの編集者を経て、エッセイスト、俳人に。俳号・磯辺まさる。99年第4回藍生賞受賞。俳誌『ににん』創刊に参加する。著書に『NHK世界美術館紀行』全10巻（共同執筆、NHK出版）、『描かれた食卓――名画を食べるように読む』（生活人新書）、『江戸俳画紀行』（中公新書）、『巨人たちの俳句――源内から荷風まで』（平凡社新書）などがある。

平 凡 社 新 書 8 2 4

昭和なつかし 食の人物誌

発行日――2016年9月15日　初版第1刷

著者――磯辺 勝

発行者――西田裕一

発行所――株式会社平凡社
東京都千代田区神田神保町3-29　〒101-0051
電話　東京（03）3230-6580［編集］
　　　東京（03）3230-6573［営業］
振替　00180-0-29639

印刷・製本―株式会社東京印書館

装幀――菊地信義

© ISOBE Masaru 2016 Printed in Japan
ISBN978-4-582-85824-2
NDC 分類番号596　新書判（17.2cm）　総ページ232
平凡社ホームページ　http://www.heibonsha.co.jp/

落丁・乱丁本のお取り替えは小社読者サービス係まで
直接お送りください（送料は小社で負担いたします）。